利率市场化对我国实体企业投融资决策的影响研究

A Study on the Impact of Interest Rate Marketization on Investment and Financing Decision-making of Entity Enterprises in China

杨 筝 著

武汉大学出版社

图书在版编目(CIP)数据

利率市场化对我国实体企业投融资决策的影响研究/杨筝著.—武汉:武汉大学出版社,2020.5
ISBN 978-7-307-21423-1

Ⅰ.利… Ⅱ.杨… Ⅲ.①利率市场化—影响—企业—投资决策—研究—中国 ②利率市场化—影响—企业—融资决策—研究—中国 Ⅳ.F279.23

中国版本图书馆 CIP 数据核字(2020)第 015088 号

责任编辑:聂勇军 　　责任校对:李孟潇 　　版式设计:马　佳

出版发行:武汉大学出版社　(430072　武昌　珞珈山)
(电子邮箱:cbs22@whu.edu.cn　网址:www.wdp.com.cn)
印刷:武汉中远印务有限公司
开本:720×1000　1/16　印张:14.25　字数:196 千字　插页:1
版次:2020 年 5 月第 1 版　　2020 年 5 月第 1 次印刷
ISBN 978-7-307-21423-1　　定价:38.00 元

版权所有,不得翻印;凡购我社的图书,如有质量问题,请与当地图书销售部门联系调换。

序　言

我国利率市场化改革以1996年6月中国人民银行放开银行间同业拆借利率为起点，历经近20年后以2015年10月放开存款利率浮动上限为标志宣告基本完成。利率市场化明确了金融市场建设中资本的定价机理，使得金融部门的功能、定位和使命也逐步在价格指挥棒的作用下得到矫正，金融市场与实体经济之间的关系变得更加清晰，从而更好地服务于实体经济的供给侧结构性改革。

然而在激烈的市场化进程和剧烈的社会经济转型形成的历史交汇中，"金融业发展过度而金融发展不足"的悖论成为中国金融发展的重要特征，我国利率市场化与实体企业过度进行金融投资，而对固定资产投资相对不足几乎呈现在相同的历史片段之中。因此，定性地去讨论利率市场化与实体企业金融化之间的关系，可能因为无法排除种种干扰因素影响而获得有谬误的结论，导致学术界对我国利率市场化存在理论认识上的偏差，并可能引致实务界基于错误的结论进行决策。

利率市场化如何影响实体企业投融资决策以及实体经济与虚拟经济究竟是何种关系？针对这一问题，亟须系统全面的理论分析和科学严谨的证据支持回应关切、拨开迷雾、启迪思考。利率—金融市场—企业之间的关系错综复杂、交互内生，又精妙绝伦、引人入胜。关于三者之间的关系，现有研究众说纷纭。然而，在充满风险和不确定性的经济环境中，金融市场与实体经济之间的关系矫正还有漫长的历程，需要实务界的积极探索和学术界对规律的归纳总结。

很有幸与杨筝博士相互结识并在学术研究上就利率市场化、实体企业金融化、企业投资效率等议题上交流合作。在杨筝博士于武汉大学经济与管理学院就读企业管理专业博士研究生期间,我们曾就其博士毕业论文的选题及全文核心章节的若干细节问题进行过数次探讨。其毕业论文《利率市场化对我国实体企业投资结构选择影响研究》用冷峻的笔调、专业的分析和审慎的验证,对利率—金融市场—企业这三者之间的关系进行了严谨细致的论证,准确识别了三者之间的影响机制。更难能可贵的是,杨筝博士能从入职高校之初的忙碌中抽身出来继续沉静思考与悉心完善,把该文丰富成为《利率市场化对我国实体企业投融资决策的影响研究》这本高质量的专著。该书通过高度抽象化的思维,提炼重要的研究问题,探索当前经济高质量发展阶段的金融市场发展规律并试图打开上市公司投融资低效率的"黑匣子"。

本书首先在文献梳理和理论分析的基础上构建利率市场化影响企业投融资行为的理论分析框架,通过构建多元回归模型充分识别了利率市场化对企业投融资行为影响的因果关系,得出了一系列具有学术价值的研究结论。研究发现利率市场化有利于推动资本以恰当的价格参与企业的投融资活动中,证实了利率市场化对改善企业融资环境,提高信贷资源配置效率的重要意义。针对这一核心发现可知,利率的市场化应该是引入"竞争中性"原则并充分保证国有企业与非国有企业相同市场地位的市场化,要素市场配置的逻辑应该是以市场为主导,市场化进程的继续推进需要以统一、高效、低摩擦的市场建设为重要任务。总之,该书以实证研究为基本框架,现象分析深刻全面,既有对现实和理论迷思的回应,又有深度创造性的思考。

杨筝博士的这本著作内容丰富、论证严谨,它不仅反映了新常态时期以来金融领域争论的核心问题,而且深刻反映了金融与实体经济之间的内在协调问题,为读者深入探究相关问题提供了极好的参考文献。因此，我们应当感谢致力于学术并辛勤耕耘的杨筝博士和出版此书的武汉大学出版社。

王红建

2020 年 1 月

（南昌大学经济管理学院会计学教授、博士生导师）

前　言

随着我国经济高质量发展的纵深推进与金融市场化改革的不断深入，我国以 M2 和社会融资规模等指标为重要对象的货币数量调控方式正逐渐向以利率为主要对象的货币价格调控方式转变，利率市场化改革进程逐步加快。

近年来，国家政策层面多次提及推动利率市场化改革，比如：2019 年 2 月召开的中共中央政治局会议提出，要深化金融供给侧结构性改革，增强金融服务实体经济能力；2019 年 3 月李克强总理在 2019 年《政府工作报告》中强调要"深化利率市场化改革，降低实际利率水平"，以疏通货币政策传导渠道，保持流动性合理充裕，有效缓解实体经济特别是民营和小微企业融资难融资贵问题，防范化解金融风险；此后的国务院常务会议也多次提及要运用市场化改革办法推动实际利率水平明显降低和降低实体经济融资成本，解决"融资难"问题。2019 年 1 月召开的中国人民银行 2019 年工作会议明确提出，稳妥推进利率"两轨合一轨"，完善市场化的利率形成、调控和传导机制；2019 年 5 月中国人民银行发布的 2019 年第一季度《中国货币政策执行报告》指出，继续深化利率市场化改革，稳妥推进利率"两轨合一轨"；2019 年 8 月中国人民银行发布的第二季度《中国货币政策执行报告》则指出，继续深化利率市场化改革，重点推进贷款利率进一步市场化；特别是 2019 年 8 月 17 日，中国人民银行发布公告，为了更好地发挥贷款市场报价利率（LPR）在实际利率形成中的引导作用，决定自 2019 年 8 月 20 日起，授权全国银行间同业拆借中心于每月 20 日（遇节假日顺延）

9时30分公布LPR数据，此举标志着我国的利率市场化改革朝着"最后一公里"迈出了关键一步。

在国家大力深化利率市场化改革，稳妥推进利率"两轨合一轨"，着力降低实际利率水平，以有效缓解实体经济融资难题的宏观背景下，实体企业如何在政策窗口期内科学设定债务期限和融资结构、合理确定投资规模和投资组合、有效缓解融资约束和降低融资成本、显著提升投资效率并防范运营风险显得异常重要和紧迫。

本书在对利率市场化、实体企业金融化、融资约束、资本结构、投资效率等基本理论进行研究的基础上，以利率市场化为逻辑起点，以"利率市场化——企业融资——企业投资"为实证研究路径，以2001—2015年非金融类A股上市公司财务数据作为研究样本，综合采用规范研究和实证研究两种研究方法，主要研究了如下内容：

（1）检验利率市场化改革是否缓解实体企业融资约束，抑制过度负债，加快资本结构调整速度，显著改善债务期限结构。

（2）探究利率市场化改革是否抑制实体企业非效率投资，提升资本配置效率，进而提高投资收益与企业价值。

（3）分析利率市场化改革是否抑制实体企业金融化，抑制企业在金融市场上的套利或投机行为，进而优化企业的投资资源配置。

（4）对国家灵活运用利率这一货币政策工具，疏通货币政策向市场利率的传导渠道，降低实体企业融资实际利率，改善实体企业融资环境，提高信贷资源配置效率提出相应的政策建议。

相较现有基于利率市场化的实体企业投融资决策的研究文献，本书在以下几个方面取得了突破和创新：

第一，从金融抑制理论视角拓展了利率市场化改革抑制资本错配的具体作用机理。一般学者研究认为，在金融抑制条件下我国企业表现为严重的短贷长投现象，而短贷长投不仅会加剧企业的经营风险，而且会引发企业非效率投资。本书则从企业债务期限结构视角研究发现，利率市场化改革显著改善了企业债务期限结构，抑制了企业短贷长投行为，从而拓展并厘清了利率市场化改革抑制资本错配的具体作用机理。

第二，利用我国贷款利率上下限管制放开作为准自然实验，基于金融市场摩擦视角阐明了我国实体企业投资效率不佳的制度诱因，以及产能过剩、产能不足的形成机理。已有文献重点考察了利率市场化对促进地区经济增长以及企业融资决策的重要作用，本书则以我国利率市场化为制度背景，从非效率投资视角考察了利率市场化对微观实体企业投资决策的影响，进一步深化了关于实体企业投资效率的研究。这不仅有助于在理论上阐明我国产能过剩与产能不足的形成机理，而且有助于深化对利率市场化改革产生不良后果的认识。

第三，利用利率市场化改革这一重要实验场景，从利润率均等化视角揭示了实体企业选择投资金融市场（金融化）的驱动机制。已有文献分别从融资约束、金融行业垄断的超额回报率以及金融监管不完善等视角对企业金融化动机展开了研究，研究结论并不一致，而且无法有效解决内生性问题，本书以我国利率市场化这一独特的准自然实验，验证了实体企业金融化的市场套利动机，进一步拓展了关于企业投资结构的研究，为国家层面治理实体企业过度金融化、改善我国经济"脱实向虚"提供理论依据。

本书在撰写过程中参考并引用了国内外众多优秀学者的研究成果，作者尽最大努力详尽引注，在此，对相关学者表示诚挚的感谢。鉴于作者水平有限，书中难免有疏漏和不当之处，恳请广大读者或专家批评指正。

杨 筝
2020 年 1 月

目 录

1 绪论 ... 1
1.1 研究背景 ... 1
1.2 研究问题 ... 5
1.3 研究意义 ... 8
1.4 概念界定 ... 9
1.5 研究内容及框架 ... 13
1.6 研究方法 ... 15
1.7 主要创新点 ... 17

2 文献综述 ... 18
2.1 利率与利率市场化 ... 18
2.1.1 国外利率市场化研究 ... 18
2.1.2 国内利率市场化研究 ... 21
2.1.3 制度环境与利率市场化 ... 26
2.2 企业融资与投资 ... 28
2.2.1 企业投融资行为 ... 28
2.2.2 制度环境与企业投融资 ... 38
2.2.3 利率市场化与企业投融资 ... 40
2.3 企业金融化、空心化、脱实向虚 ... 44
2.4 文献评述 ... 46

3 理论分析与制度环境 ……………………………………… 49

3.1 基础理论 …………………………………………… 49
3.1.1 资源基础理论 ……………………………… 49
3.1.2 金融发展理论 ……………………………… 50
3.1.3 融资约束理论 ……………………………… 51
3.1.4 投资理论 …………………………………… 53

3.2 利率变化对企业投融资行为影响的机理分析 ………… 56
3.2.1 资本使用成本传导机制 …………………… 56
3.2.2 信贷配给机制 ……………………………… 58
3.2.3 债务治理机制 ……………………………… 59

3.3 我国制度环境 ……………………………………… 62
3.3.1 经济转轨与制度转型 ……………………… 62
3.3.2 市场化水平 ………………………………… 63
3.3.3 产权制度 …………………………………… 65
3.3.4 利率双轨制 ………………………………… 68

3.4 利率市场化进程 …………………………………… 69

4 利率市场化对实体企业融资决策的影响 ……………… 75

4.1 问题的提出 ………………………………………… 75
4.2 研究假设 …………………………………………… 76
4.3 研究设计 …………………………………………… 83
4.3.1 研究模型 …………………………………… 83
4.3.2 样本选择与数据来源 ……………………… 87
4.3.3 描述性统计 ………………………………… 87

4.4 实证结果 …………………………………………… 88
4.4.1 初步检验 …………………………………… 88
4.4.2 进一步检验 ………………………………… 94
4.4.3 稳健性检验 ………………………………… 99

4.5 本章小结 …………………………………………………………… 112

5 利率市场化对实体企业投资效率的影响 …………………………… 113
5.1 问题的提出 …………………………………………………………… 113
5.2 研究假设 ……………………………………………………………… 114
5.3 研究设计 ……………………………………………………………… 116
    5.3.1 研究模型 ………………………………………………………… 116
    5.3.2 样本选择与数据来源 …………………………………………… 119
    5.3.3 描述性统计 ……………………………………………………… 120
5.4 实证结果 ……………………………………………………………… 121
    5.4.1 初步检验 ………………………………………………………… 121
    5.4.2 进一步检验 ……………………………………………………… 126
    5.4.3 稳健性检验 ……………………………………………………… 135
5.5 本章小结 ……………………………………………………………… 138

6 利率市场化对实体企业投资结构选择的影响 ……………………… 140
6.1 问题的提出 …………………………………………………………… 140
6.2 研究假设 ……………………………………………………………… 140
6.3 研究设计 ……………………………………………………………… 143
    6.3.1 研究模型 ………………………………………………………… 143
    6.3.2 样本选择与数据来源 …………………………………………… 146
    6.3.3 描述性统计 ……………………………………………………… 146
6.4 实证结果 ……………………………………………………………… 151
    6.4.1 初步检验 ………………………………………………………… 151
    6.4.2 进一步检验 ……………………………………………………… 154
    6.4.3 稳健性检验 ……………………………………………………… 167
6.5 本章小结 ……………………………………………………………… 177

7 结论 ·········· 178
7.1 研究结论 ·········· 178
7.2 研究启示与建议 ·········· 180
7.3 研究局限 ·········· 182

参考文献 ·········· 184

后记 ·········· 213

1 绪 论

1.1 研究背景

自 20 世纪 90 年代以来,随着对外开放的步伐不断加快,中国借助人口红利成为世界加工厂,经济飞速发展。在 2008 年全球出现金融危机之后,我国经济也受到较大影响,经济增速放缓,工业企业利润逐年下降。2012 年之后,我国规模以上工业企业主营业务利润率不足 7%,2015 年更是达到 5.76% 的最低点,见图 1-1。

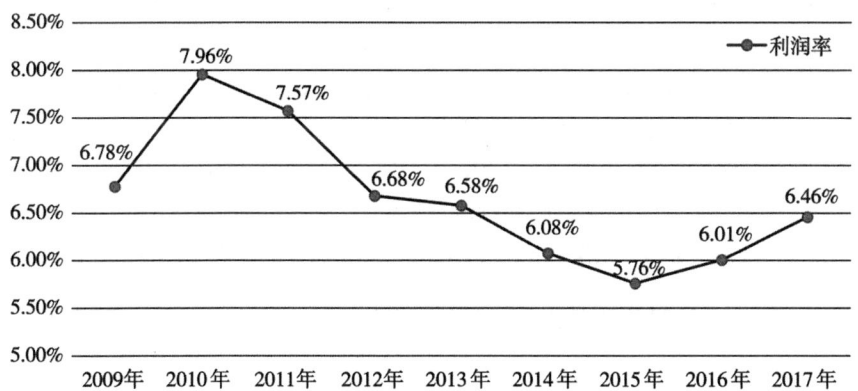

图 1-1 2009—2017 年我国规模以上工业企业主营业务利润率
数据来源:国家统计局官网年度数据,作者整理绘制

2015 年 4 月之前,我国规模以上工业企业利润连续 6 个月负增长。

2015年4月份股市疯涨，工业企业利润突然出现正增长，当月增长300亿元，其中95%以上来自股票、房地产、期货、基金等资金市场。自2015年6月开始，股市持续低迷，我国规模以上工业企业利润再次出现连续7个月的负增长。

根据中国企业联合会、中国企业家协会发布的历年中国企业500强数据，250多家制造业企业，净利润呈总体下降趋势，近五年利润率均不足25%。相比之下，5家银行（2015年之后6家）净利润率达35%以上。如果包含证券、保险等其他金融机构，整个金融行业的净利润率可达50%以上。如图1-2所示，从2011年开始金融业与制造业的"利润鸿沟"越来越宽，现基本保持在2倍左右。

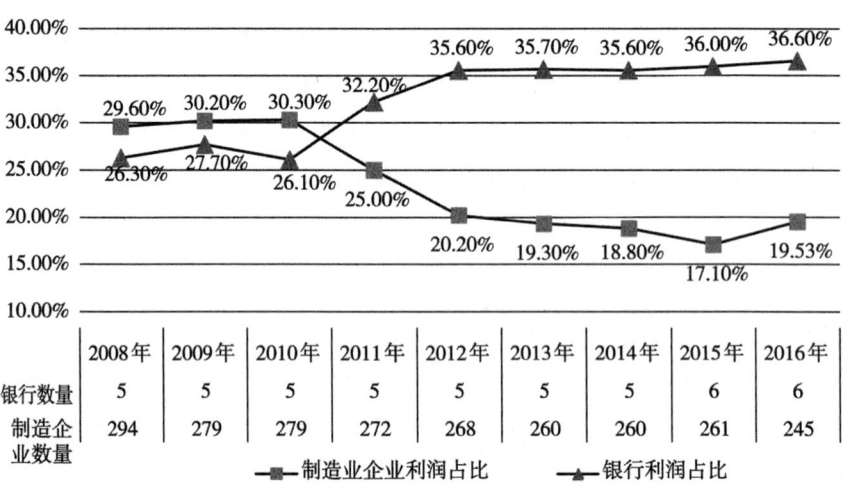

图1-2　2008—2016年中国500强企业制造业、银行业企业利润率

数据来源：WIND数据库，作者整理绘制

2012年一项关于国资委下属企业涉足金融业的研究发现，被调查的117家非金融类央企（国企）中，有76%的企业涉足金融业，实际已经控制了24家信托公司、20家证券公司、14家财产保险公司以及

23家寿险公司①。

据 Wind 数据库统计，2014、2015、2016 年，我国分别有至少 444、630、806 家上市公司购买各种银行理财产品、私募基金以及信托产品等金融产品。上述现象只是中国经济"脱实向虚"的冰山一角，但不可置疑的是大量的资金伺机在股市、债市、房地产等领域流动，流向实体经济的资金变少了。

不仅社会、舆论、政府高度关注我国经济"脱实向虚"问题，学术界的研究也如火如荼。虚拟经济和实体经济的研究较早地被国外学者所关注，但近几年也逐渐进入国内学者们的视野。总体来说理论方面的研究相对贫乏。从宏观方面来看，美国、日本等很多国家也都存在虚拟经济过热问题，特别是金融危机过后学者们分析总结危机发生原因时，普遍认为资金"脱实向虚"令实体经济的发展转型面临诸多挑战，加大了整体经济运行的风险，虚拟经济过度膨胀是金融危机爆发的重要诱因（Stockhammer 和 Grafl，2010）②。国外学者普遍认为金融自由化的发展促使非金融类企业改善经营绩效，强化运营能力，但如果宏观经济波动、制度缺陷等造成金融投资过多，会使企业生产、运营、研发等方面持续衰落（Demir，2009；Akkemik 和 Özen，2014；Milberg 和 Shapiro，2013）③④⑤，甚至还会带来失业率增高等社会问题（González 和

---

① http：//finance.sina.com.cn/roll/20120919/065913176072.shtml.

② Stockhammer E, Grafl L. *Financial Uncertainty and Business Investment* [J]. Review of Political Economy, 2010, 22 (4)：551-568.

③ Demir F. *Financial Liberalization, Private Investment and Portfolio Choice：Financialization of Real Sectors in Emerging Markets* [J]. Journal of Development Economics, 2009, 88 (2)：314-324.

④ Akkemik K A, Özen S. *Macroeconomic and Institutional Determinants of Financialisation of Non-financial Firms：Case Study of Turkey* [J]. Socio-economic Review, 2014, 12 (1)：71-98.

⑤ Milberg W, Shapiro N. *Implications of the Recent Financial Crisis for Firm Innovation* [J]. Journal of Interest Keynesian Economics, 2013, 36：207-230.

Sala，2014)①。从微观企业层面来看，一部分学者从公司治理角度研究企业金融化行为的原因，一部分学者从股东价值角度研究企业金融化的结果，还有一部分学者从企业投资角度来研究企业金融化选择行为。但无论从何种角度展开研究，大部分微观企业领域的学者都认为在其他条件不变的情况下，非金融类企业的金融化行为普遍会降低或抑制实体经济投资。

国内理论研究方面无法用统一的词语去进行检索，宏观方面国内的相关研究主要从经济金融化和金融自由化理论展开经济"脱实向虚"的原因和机制问题的研究，认为"脱实向虚"是在经济转型和经济结构调整过程中产生的（王芳，2004；张慕濒和诸葛恒中，2013；周长富等，2016)②③④。鲁春义（2014）探讨了金融化对中国行业收入分配差距的影响⑤。黄群慧（2017）认为中国企业因产能过剩、产品处于产业链低端等问题，实体产业发展速度甚为缓慢，导致实体经济和虚拟经济发展不平衡，出现了所谓的结构失衡问题⑥。

中观方面，在我国改革开放之后，产业"空心化"研究较为丰富，学者们认为我国通过放开外商直接投资来换取技术、产业升级，但随着传统意义的人口红利、要素红利逐渐消失，产业缺乏自主创新能力的弱点，造成了传统产业利润一再被挤压，出现了产能过剩、结构不平衡等

---

① González I, Sala H. *Investment Crowding-out and Labor Market Effects of Financialization in the Us* [J]. Scottish Journal of Political Economy，2014，61（5）：589-613.

② 王芳．经济金融化与经济结构调整 [J]．金融研究，2004（8）：124-132.

③ 张慕濒，诸葛恒中．全球化背景下中国经济的金融化：涵义与实证检验 [J]．世界经济与政治论坛，2013（1）：122-138.

④ 周长富，张莅，冒建忠．"脱实向虚"的表现、成因及机制分析 [J]．区域金融研究，2016（3）：69-76.

⑤ 鲁春义．垄断、金融化与中国行业收入分配差距 [J]．管理评论，2014（11）：48-56.

⑥ 黄群慧．论新时期中国实体经济的发展 [J]．中国工业经济，2017（9）：5-24.

问题（孙晓华等，2009；杜红艳，2012）①②。

微观方面，学者们多围绕"企业金融化"展开讨论。诸如江春和李巍（2013）通过实证调查认为中国非金融类企业面临的是金融投资和直接投资（实体投资）之间的选择，而金融投资可能是直接投资的替代品而不是互补品③。谢家智等（2014）实证研究发现制造业企业发展环境恶化，导致制造类企业主营业务萎缩，企业投机金融市场的现象日益严重，将进一步抑制企业的发展与创新④。宋军和陆旸（2015）证明了非金融类企业持有非货币性金融资产与经营收益率呈现 U 形关系，为企业金融化行为提供新的微观证据⑤。杜勇（2017）、文春晖等（2015）同样利用公司财务报表数据、案例分析证实越来越多的实体企业热衷于股票投资、委托理财等金融活动，实体产业资本大量流入金融、房地产领域，资金脱离再生产环节现象越来越严重⑥⑦。

1.2　研究问题

我国专家学者普遍认为中国经济在高速增长的同时，产生了一系列

---

① 孙晓华，杨彬，张国峰."市场换技术"与产业空心化：一个研究述评[J]. 科学学与科学技术管理，2009（1）：125-130.
② 杜红艳. 中小企业产业空心化与融资困境分析[J]. 淮北职业技术学院学报，2012（5）：122-124.
③ 江春，李巍. 中国非金融企业持有金融资产的决定因素和含义：一个实证调查[J]. 经济管理，2013（7）：13-23.
④ 谢家智，王文涛，江源. 制造业金融化、政府控制与技术创新[J]. 经济学动态，2014（11）：78-88.
⑤ 宋军，陆旸. 非货币金融资产和经营收益率的 U 形关系——来自我国上市非金融公司的金融化证据[J]. 金融研究，2015（6）：111-127.
⑥ 杜勇，张欢，陈建英. 金融化对实体企业未来主业发展的影响：促进还是抑制[J]. 中国工业经济，2017（12）：113-131.
⑦ 文春晖，任国良. 虚拟经济与实体经济分离发展研究——来自中国上市公司 2006—2013 年的证据[J]. 中国工业经济，2015（12）：115-129.

的矛盾，例如，宏观经济形势好，但微观企业效益差；投资规模大，但投资效率低下；各地建设重复、同质化，但反映的投资结构却不同。党的十八大以来，我国通过厘清市场与政府的关系，强调市场在资源配置过程中起决定作用，进行经济体制改革来应对上述问题。现代化经济体系中资源只有在自由流动的情况下才能产生最大效益，这是市场的魅力，只有市场才能让资源流动到最有效率的地方。企业作为市场的主体，只有实现人尽其才、物尽其用、货畅其流，合理并有效地配置资源，才能实现利润最大化。党的十九大、中央经济工作会议、金融工作会议等均明确提出"建设现代化经济体系"，紧扣我国社会主要矛盾变化，大力发展实体经济，坚持以供给侧结构性改革为主线，着力构建市场机制有效、微观主体有活力、宏观调控有度的经济体制的战略目标。近期发布和宣传的各类国家经济发展方针是高度一致的，虽然具体提法上不完全一样，但是核心任务是一样的，即支持实体经济发展、深化经济体制改革和防范化解重大风险。

利率影响着一国的储蓄、投资、货币供给和需求以及产出和国民收入的变动，是连接货币经济与实体经济的纽带，同时利率影响着微观经济主体的采购、投资、生产、储蓄等多方面，是宏观经济与微观经济连接的桥梁。若通过利率与汇率联动，它还将对一国经济与其他国家产生联系，具有极为重要的影响。不论在理论研究，还是实践应用、政策制定等多方面，利率都是关注的焦点。因此伴随着中国经济体制改革，利率市场化改革将成为其中重要的一部分。结合中国特色，我国的利率市场化改革是渐进的、复杂的、系统的，以利率市场化为核心的金融改革是资源有效配置和支持实体经济发展与转型的有效途径。因此，诸多经济学家、学者围绕利率市场化改革如何支持实体经济发展，抑制经济"脱实向虚"展开研究。

企业作为微观经济主体，影响着整体经济的状况，企业"脱实向虚"现象，特别是实体企业"脱实向虚"现象更加需要被关注。实体企业"脱实向虚"是指由于金融市场的超高利润回报率,实体企业出于缓解融资约束或追求高额金融资产回报进行金融投资,并且金融投资占用的资源不断挤占了本应该用于发展主营业务或生产经营性业务的资源,造成实体企业主营业务逐渐萎缩。其本质是企业投资决策行为发生了改变。

提升全社会的资本配置效率是我国经济持续发展的关键,而如何提高企业投资效率、优化企业投资结构就是我国经济发展的重中之重。传统的投资理论认为,企业的投资决策只受到投资机会的影响,可是在现实世界中,由于信息不对称、道德风险和委托代理问题带来的融资约束问题均制约着企业的投资决策。利率市场化改革围绕着市场利率而展开,根据西方货币政策传导机制可知,各类改革措施既可以通过利率渠道,又可以通过信贷渠道影响微观企业融资行为。但微观企业融资的最终目的是为了企业的投资和进一步的发展,货币政策的改变通过影响企业融资行为,进而改变企业投资行为。企业如何利用融资获得的资源,资源投向了哪里,最终投资收益如何等问题与企业长期发展息息相关,这也是本书希望着重研究企业投资效率和投资结构的原因。

因此,本书研究的核心问题为:利率市场化改革如何影响实体企业投资行为。遵循"市场利率——企业融资——企业投资"的研究路径,将具体研究以下两个部分:

(1) 利率市场化如何影响实体企业融资行为。

(2) 利率市场化如何影响实体企业投资行为。

已有的研究中,研究者们多关注于货币政策如何影响企业的融资行为,在少有的关于投资行为研究中,还是倾向研究投资规模,哪些因素影响企业的投资行为,却对企业投资的过程流向、投资的结果关注不够,利率市场化对实体企业投资效率、投资结构的研究就更加稀少了。

1.3 研究意义

1. 理论意义

拓展了利率市场化、金融自由化的研究领域。多数学者关于利率市场化、金融自由化的研究侧重宏观层面的利率形成机制、货币政策机制等方面，关注微观经济主体行为的学者中也以银行等金融机构为对象的居多。以实体企业为研究对象的稀有文献中，学者多侧重于宏观经济政策影响企业融资约束的问题，对实体企业投资领域的理论研究较为贫乏。本书以宏观与微观结合的方式，研究利率市场化对企业投融资行为的影响，是对利率市场化、金融自由化理论研究的一种扩充，是对宏观政策传导至微观经济体研究模式的一种完善。

丰富了公司治理、企业管理方面的研究内容。理论上，企业外部的宏观经济政策、制度环境会对企业的经营决策产生影响。已经有许多学者从公司治理角度分析企业投融资决策和企业管理，企业外部政治、经济、技术、社会等宏观环境对企业战略制定及融资约束的影响。本书从金融改革中利率市场化改革视角出发，进一步丰富了公司治理、企业管理的研究内容。

一定程度上丰富了企业"脱实向虚"的理论依据。针对实体企业"脱实向虚"现象，不同学者从产业"空心化""企业金融化"不同定义去说明现象，并无较为统一的理论基础与概念内涵界定，本书从企业投资结构的角度进行阐述，进一步丰富该现象的理论依据。

2. 现实意义

为实体企业经营决策提供启示与建议。通过分析利率市场化改革如何影响实体企业经营决策，本书认为利率市场化改革可以提高企业的投资效率，提升企业价值。一方面，实体企业经营决策者更应关注利率波动传递的市场信息与宏观经济形势,科学地、合理地利用利率市场化机制,改善融资环境,缓解融资约束,提高投资效率。另一方面,本书认为利率市场化等一系列制度改革,将要求实体企业加强自身治理与内部管理,用匠心精神去发展企业经营性业务。

为验证利率市场化改革效果提供微观证据。我国利率市场化改革从1990年代开始,虽然基于国内外经验与理论研究,学者普遍认为利率市场化是大的趋势,但对于金融自由化带来的效果与风险的讨论从未停止。利率市场化到底是否实现了资源的有效配置,其带来的影响需要有更多的微观经验证据来予以评价,本书在此方面作了一定的探索。

此外,本书在研究利率市场化改革过程中,对于如何深化利率市场化改革来支持实体企业回归实体经营性业务提供了政策建议;提出应制定合理政策与制度创新让资金更多流向实体经济,支持实体经济发展。

1.4　概念界定

1. 实体企业

"实体经济"是相对于"虚拟经济"而言的。虚拟经济源于马克思《资本论》中的"虚拟资本",随后凯恩斯、德鲁克为代表的西方学者以货币与信用为划分标准,将整个经济体系划分为"实体经济"和"符号经济"。成思危(1999)结合已有论述,将虚拟经济的内涵概括为"虚拟经济是指与虚拟资本以金融系统为主要依托的循环运动有关的经济活动,换言之,直接以钱生钱的活动"[①]。

企业是微观经济主体,而实体企业一词来自"实体经济",因此实体企业是企业的主营业务,是从事物质产品生产、流通、销售以及相关服务的,普遍存在于农业、工业、交通运输、商贸、建筑和邮电等产业

---

① 成思危. 虚拟经济五特性 [J]. 电力技术经济, 1999 (4): 71.

或部门（成思危，2002；王国刚，2004）①②。党的十六大报告对实体经济的内涵进一步作了完善，随之实体企业涵盖范围更加广泛。除了上述产业或部门中常见的企业外，其还会在教育、文化、知识、信息、艺术、体育等精神产品的生产和服务部门中存在。简单来讲，实体企业可以定义为从事物质的、精神的产品和服务的生产及流通等经济活动的企业或部门（刘林川，2014）③。本书后续提及企业即指实体企业。文中还将根据企业的产权性质将实体企业划分为国有企业和民营企业（非国有企业）两类。

2. 投资结构

在一定的时期内，根据一定划分标准，投资结构反映的是各要素之间的数量构成、占比关系等，是作为反映经济结构的重要指标之一。对于一个国家的投资结构，常常可以按照多种标准来划分，例如以第一二三产业、地区等标准划分，从而形成各种投资结构。多个投资结构共同组成了国家的投资结构体系，从而成为国民经济发展的指示器。对于一个企业的投资结构，没有国家的投资结构那么复杂，更多地意味着企业资源要素的配置情况，可以为企业投资决策提供依据与参考，但同样对企业的发展有很好的参考意义。

依据将经济体系划分为实体经济和虚拟经济的标准，可以把企业的投资结构划分为实际投资（直接投资）和金融投资。

企业的实际投资，字面意思是企业在主营业务领域进行投资，也就是从事生产经营性业务的投资，可以是购买厂房、购买或维护生产所需机器设备，在财务报表中，属于固定资产或流动资产的增加。李杰（2002）认为在知识经济时代，实际投资不仅包含了以上的物质资本投

---

① 成思危. 虚拟经济论丛 [M]. 民主与建设出版社，2002.
② 王国刚. 关于虚拟经济的几个问题 [J]. 东南学术，2004（1）：53-59.
③ 刘林川. 虚拟经济与实体经济协调发展研究 [D]. 南开大学，2014：35-48.

资，还应该包含人力资本的投资，即企业开展教育、培训、研发均属于实际投资范围，在财务报表中这些会反映为无形资产的增加①。金融投资一般包含信用贷款、信托投资、购买债券股票，甚至投资金融性房地产等，尽管形式各种各样，但金融投资的结果是不以实物资产的增加为目的，虽然企业的货币资金增加了。详见图1-3。

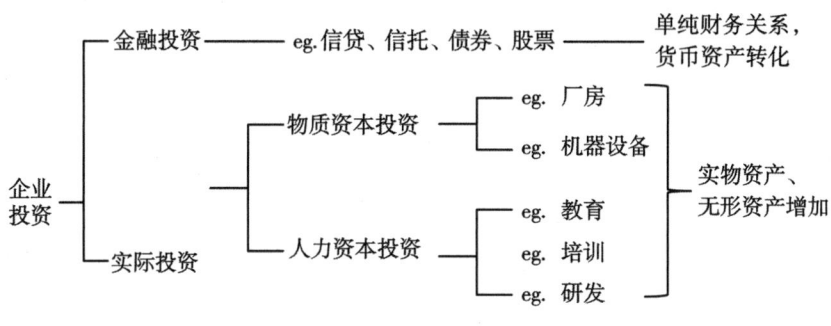

图1-3 实体企业投资类型划分

根据投资类型的不同，投资资金就会出现不同流向，见图1-4。实体企业作为实体经济中的主体，各类箭头表示资金流向：D表示实体企业进行实际投资，A过程表示实体企业配置金融资产，进行金融投资。实体企业的资金进入金融市场后，资金有2种方式流向B和C。B表示获取的金融资产的增值部分继续留在金融市场上谋取利益，其动机为市场套利；C表示获取的金融资产的增值部分用于发展实体经济的实际经营性业务，其动机为缓解融资约束。A—B的过程为金融投资，D、A—C的过程为实际投资。实体企业金融化可以是A—B过程，也可以是A—C过程。

本书针对经济"脱实向虚"现象，即实体企业争相进入房地产、股票市场等金融业现象，提出企业投资结构的定义为实际投资与金融投资之间占比情况。由于企业投资实体领域涵盖广泛，相对于投资金融市

---

① 李杰. 投资结构论［D］. 四川大学，2002：57-74.

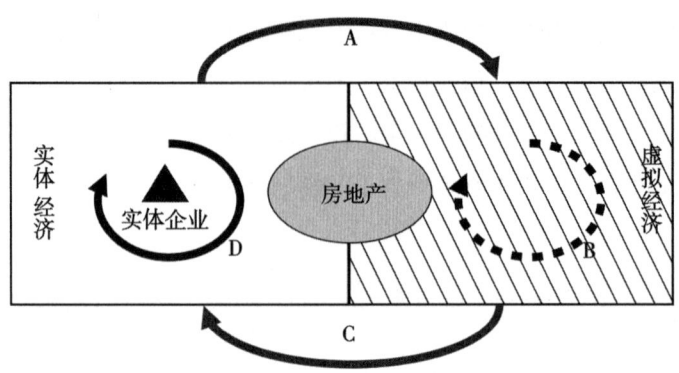

图 1-4　实体企业投资资金流向示意图

场更加复杂，因此本书着重研究企业投资金融市场部分（即企业金融化部分，A—B 和 A—C 过程），假设企业在总体投资量不变的情况下，减少金融投资中 A—B 过程，则意味着实际投资的增加。

3. 利率市场化

在国外的文献研究中，更多地使用"利率自由化"（Interest Rate Liberalization）一词。西方对于金融的研究离不开利率，利率成为金融研究和发展的核心问题，因此伴随着金融自由化研究的开始，利率自由化就随之出现。西方经济学者普遍认为利率自由化是指利率不受货币当局的管控，完全由市场供需情况来决定。我国学者对于这个概念的理解也是逐渐深入的，但也并未得到统一的答案。有的学者认为利率自由化和利率市场化是一个概念，只是说法不同。也有少数学者认为利率市场化和利率自由化虽本质相同，但侧重点不完全相同，利率自由化沿用西方概念，强调政府对利率的管制程度，而利率市场化更适用于中国国情，中国是从计划经济转轨至市场经济的，应该更加强调市场的作用，也就是市场的供需情况决定利率。更有一些学者认为利率自由化和利率市场化是利率改革的不同阶段，市场化应该是自由化的基础。

本书研究重点是我国的实体企业投资问题，并不涉及在宏观层面研究利率的决定机制或市场机制的建立问题，因此本书所指的利率市场化①与利率自由化并无差别。

利率市场化是指金融机构在央行基准利率的基础上可以根据自己资金状况和对货币市场的判断，甚至客户的实际情况自主决定一系列利率（马弘和郭于玮，2016）。利率体系中的贷款利率是与实体企业最直接相关的，因此本书中的利率市场化的研究更偏向于贷款利率市场化，下文不再着重强调。下文中还将出现与利率市场化同义词包括放松管制贷款利率、放松利率管制等。

1.5 研究内容及框架

利率是资金的基准价格。但利率并非一个抽象的空泛概念，而是一个多样化的复杂系统。每一种利率对应着某一特定的融资活动，并反映这种融资活动的风险。不完美的市场中，在面临相同投资机会、同样的企业/管理者时，利率是通过银行或其他金融机构的信贷功能来影响企业融资约束，或者通过直接影响企业的用资成本来影响企业融资成本，从而影响企业的投资行为。基于本书提出的问题：利率市场化如何影响实体企业投资行为。因此在研究利率市场化如何影响实体企业投资行为之前，还需要研究利率市场化如何影响企业的融资行为。全文共有七章，具体安排如下（如图1-5所示）：

第一部分为研究的基础部分，涉及第一章绪论、第二章文献综述与第三章理论分析与制度环境。第一章绪论部分通过介绍本书的研究背景和研究意义，提出本书需要解决的核心问题，拟定了研究思路和内容，

---

① 马弘，郭于玮. 利率市场化与信贷歧视——基于2004年贷款利率改革的倍差法检验［J］. 经济研究，2016.

1 绪　　论

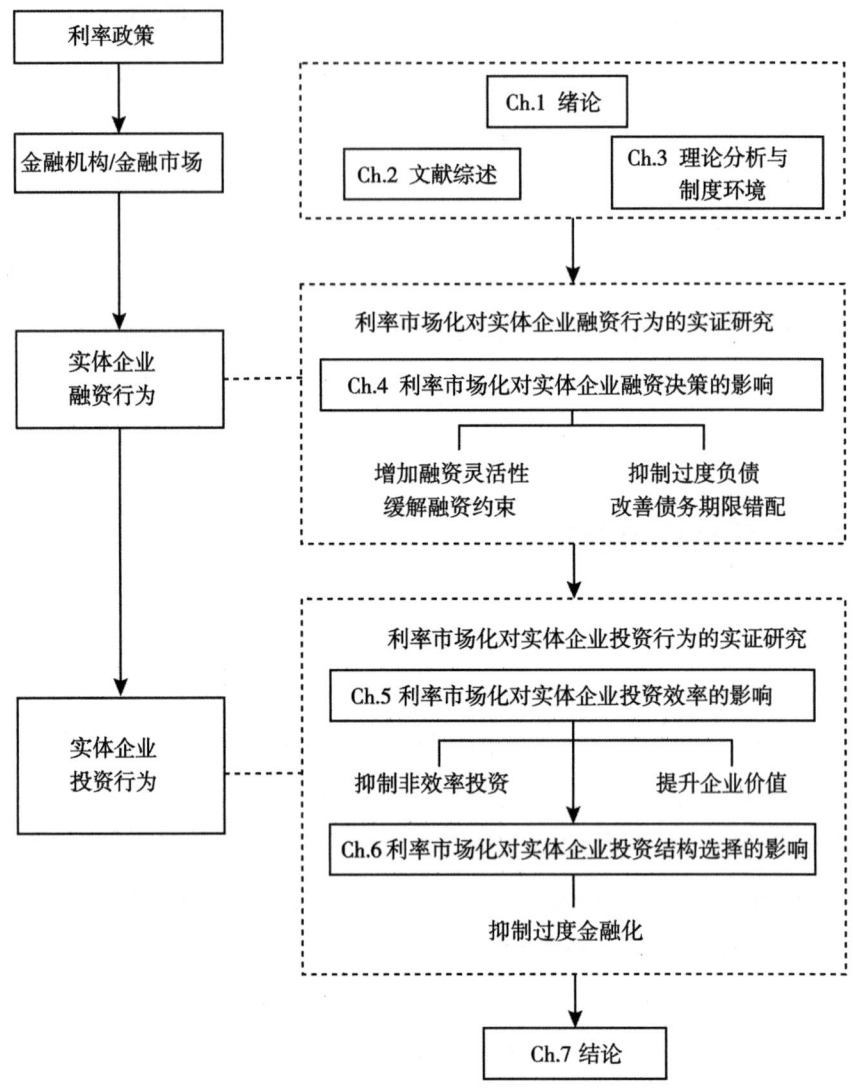

图 1-5　研究内容及框架结构示意图

以及本书的学术贡献与创新点，另外还对本书中的基本概念进行了界定。第二章文献综述将从利率市场化、企业投融资等关键词进行文献回顾与评述。第三章涉及本书研究依据的经典理论与方法的介绍，我国利率市场化改革的制度背景与改革进程，利率市场化影响实体企业投资行为的机理分析。

第二部分为研究主体部分，涉及第四章至第六章，均采用规范的实证研究范式（理论分析——研究假设——构建模型——收集数据——参数分析——假设检验——结果分析）逐步深入利率市场化对实体企业金融化问题的研究。第四章将研究利率市场化如何影响实体企业的融资行为。第五章、第六章分别从投资效率和资源配置两个方面研究利率市场化如何影响实体企业的投资行为。

第三部分为研究结论与建议部分。将涉及研究结论总结、政策建议、研究展望等。

1.6　研究方法

关于利率市场化改革如何影响我国实体企业投资行为的研究主要采用规范研究和实证研究的方法。

基于近15年的大样本数据，遵循"利率市场化——企业融资——企业投资"的理论逻辑，本书分别进行了实证研究。一是实证利率市场化改革是否缓解了融资约束；二是实证利率市场化改革是否抑制了非效率投资，提高企业投资收益与企业价值；三是实证利率市场化改革是否抑制了企业在金融市场上的套利或投机行为，优化企业的投资资源配置。

三部分的实证均遵循"文献回顾——理论分析——研究假设——变量定义——模型设计——样本选取——描述性统计——主检验——拓展性检验——稳健性检验——结果分析"的研究思路。具体研究技术路线见图1-6。

1 绪 论

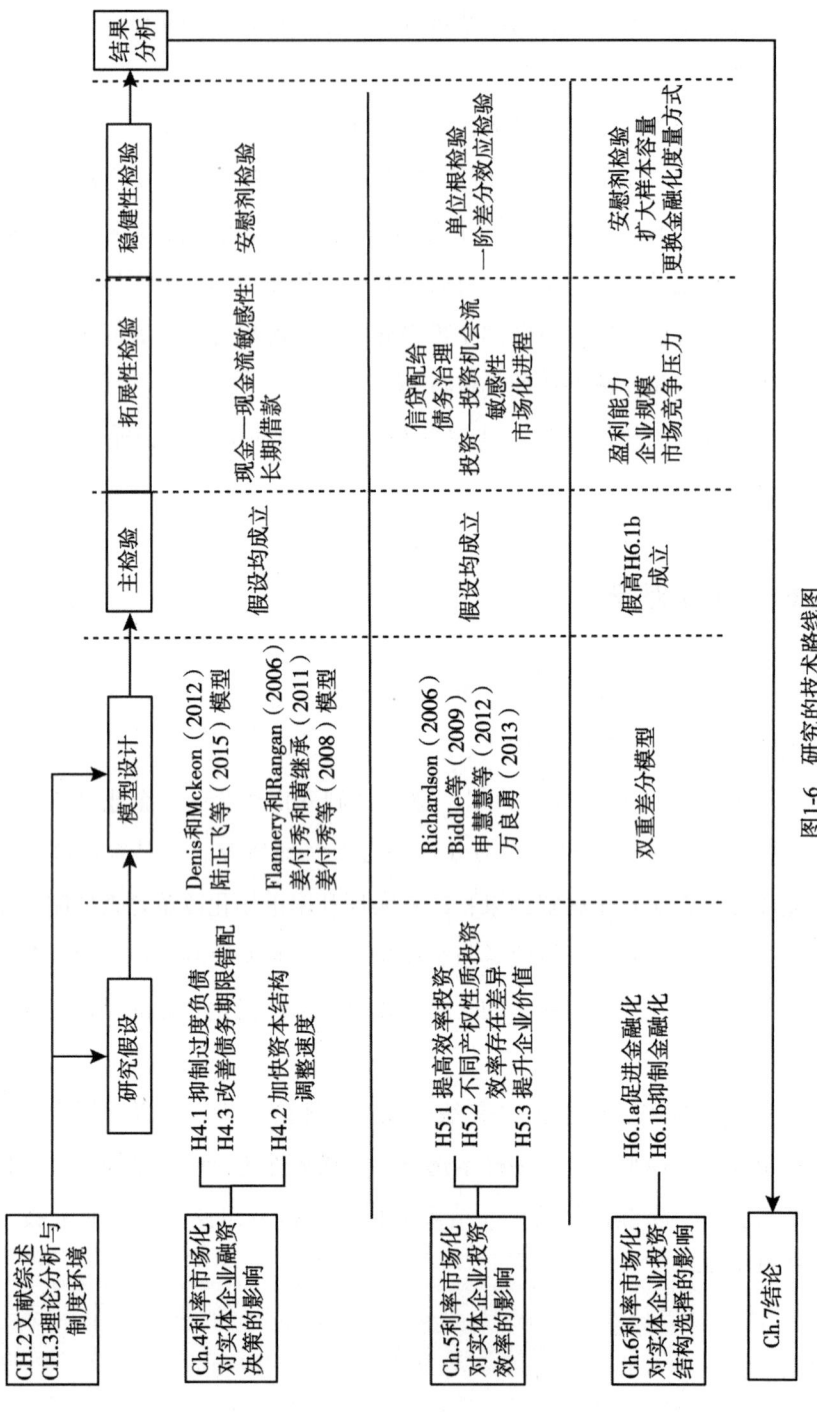

图1-6 研究的技术路线图

1.7 主要创新点

本书以利率市场化这个独特视角对实体企业的投融资决策行为进行实证研究,实证检验结果进一步拓展了实体企业投融资决策行为的研究,具体创新点可以归结为以下几点:

第一,从金融抑制理论视角拓展了利率市场化改革抑制资本错配的具体作用机理。一般学者研究认为,在金融抑制条件下我国企业表现为严重的短贷长投现象,而短贷长投不仅会加剧企业的经营风险,而且会引发企业非效率投资。本书则从企业债务期限结构视角出发,认为利率市场化改革显著改善了企业债务期限结构,抑制了企业短贷长投行为,从而拓展并厘清了利率市场化改革抑制资本错配的具体作用机理。

第二,利用我国贷款利率上下限管制放开作为准自然实验,基于金融市场摩擦视角阐明了我国实体企业投资效率不佳的制度诱因,以及产能过剩、产能不足的形成机理。已有文献重点考察了利率市场化对促进地区经济增长以及企业融资决策的重要作用,本书则以我国利率市场化为制度背景,从非效率投资视角考察了利率市场化对微观实体企业投资决策的影响,进一步深化了关于实体企业投资效率的研究。这不仅有助于在理论上阐明我国产能过剩与产能不足的形成机理,而且有助于深化对利率市场化改革产生经济后果的认识。

第三,利用利率市场化改革这一重要实验场景,从利润率均等化视角揭示了实体企业选择投资金融市场(金融化)的驱动机制。已有文献分别从融资约束、金融行业垄断的超额回报率以及金融监管不完善等视角对企业金融化动机展开了研究,研究结论并不一致,而且无法有效解决内生性问题,本书以我国利率市场化这一独特的准自然实验,验证了实体企业金融化的市场套利动机,进一步拓展了关于企业投资结构的研究,为治理实体企业过度金融化,改善我国经济"脱实向虚"的现状提供理论依据。

2 文献综述

2.1 利率与利率市场化

2.1.1 国外利率市场化研究

1. 利率理论

在政治经济学方面，马克思在《资本论》第三卷《资本主义生产的总过程》中认为利息本质是剩余价值的一种转化形式，利息和企业利润共同组成平均利润。利息率是指利息量和本金的比率，简称利率。利率是货币资本家和产业资本家为了分割利润或剩余价值时博弈的结果。因此，利率由两个因素决定：一是取决于企业利润率，二是取决于贷款人与借款人之间如何分配总利润，分配比例如何。

利率市场化的思想可以追溯至 19 世纪末 20 世纪初。庞巴维克、马歇尔、维克塞尔等学者主要从储蓄和投资之间关系来研究，认为利率（资本的价格）是由资本的供求关系决定的，配置资源最好的方式是价格，即强调市场决定利率的思想。

凯恩斯认为有效需求决定国民收入，而有效需求主要受边际消费倾向递减、资本边际效率递减以及心理上的流动性偏好三大规律的影响，主要涉及边际消费倾向、资本边际效率、货币需求和货币供给四大变量。基于流动性偏好的心理法则，一定时期内放弃流动性偏好的报酬可以等同于利息,而货币的供应量和需求量共同决定了利率,这也使利率成为连接货币经济和实物经济的纽带。

上述凯恩斯的有效需求原理中四个变量被汉森、希克斯这两位经济学家用 IS-LM 模型进行整合。IS-LM 模型和分析法逐渐成为研究利率问题,特别是产品市场和货币市场如何共同决定国民收入和利率的理论基础。

Tobin 在凯恩斯的利率传导机制理论的基础上,并利用 IS-LM 模型的一般均衡分析法和基本结论,提出了 Q 理论。他认为应该将现实的经济体系划分为真实经济和金融体系加以区别,同时,现实中 IS-LM 模型假设的单一利率并不准确,应该是各种利率的组合。

2. 利率自由化

1973 年,罗纳德·麦金农(Ronald I. Mikinnon)出版了《经济自由化的顺序——向市场经济转型中的金融控制》一书①。同年,爱德华·肖(E. S. Show)也出版了《经济发展中的金融深化》一书②。麦金农和爱德华·肖从不同视角对发展中国家"金融抑制"和"金融深化"问题进行了阐述,系统反驳了凯恩斯主义的理论和政策主张,成为现代金融发展理论的奠基之作。此后关于发展中国家的金融发展、金融自由化(利率自由化)的研究大量涌现。诸多学者实证了麦金农和爱德华·肖的判断,在研究金融自由化案例时,学者们发现制度环境、利率自由化的条件、自由化的次序等问题会不同程度影响利率市场化的效果。例如 Fry(1989)实证研究实际存款利率会逼近市场均衡水平,从而提高经济增长率,但实际利率过低③。Gilson(1989)实证实际利率过低的国家,经济增长率偏低④。Agénor 与 Khan(1996)认为利率

---

① 麦金农. 经济自由化的顺序:向市场经济过渡中的金融控制 [M]. 中国金融出版社,1993.
② 爱德华·肖. 经济发展中的金融深化 [M]. 三联书店上海分店,1988.
③ Fry M J. *Financial Development: Theories and Recent Experience* [J]. Oxford Review of Economic Policy,1989,5(4):13-28.
④ Gilson S C. *Management Turnover and Financial Distress* [J]. Journal of Financial Economics,1989,25(2):241-262.

自由化推高了借贷成本,致使收益减少①。世界银行(2003)通过对各国案例的研究发现各类危机促成或引发利率自由化,利率自由化的过程可通过改变金融部门面临的环境来促使金融部门作出改变或应对,最终将会影响整个宏观经济与利率自由化过程②。Samia 等(2009)对东亚地区金融自由化与经济增长关系研究时发现,渐进式改革模式正向影响经济增长,而激进式改革模式对其产生消极影响③。还有不少学者针对特定国家或区域的样本展开研究,认为金融自由化有利于资本和风险定价,可以提高资本配置和投资效率,进而促进当地经济发展,同时经济的增长将再次促进金融自由化程度的加深(Abiad 和 Mody,2005;Ang 和 Mckibbin,2007;Udoh 和 Ogbuagu,2012)④⑤⑥。

麦金农和爱德华·肖只注意到了金融发展的外生约束,即法律、制度、政府行为等,而忽略了交易成本、信息成本等内生约束。因此 Stiglits 和 Weiss(1981)分析了金融市场内生约束对金融资源配置效率的影响,及信贷配给条件下利率水平决定机制的相关因素⑦。20 世纪 90 年代,Hellmann、Murdock 和 Stiglitz 认为由于信息不对称及投资存在

---

① Agénor P, Khan M S. *Foreign Currency Deposits and the Demand for Money in Developing Countries* [J]. Journal of Development Economics, 1996, 50 (1): 101-118.

② 世界银行编写组. 金融自由化 [M]. 中国财政经济出版社, 2003.

③ Samia M, Dalenda M, Saoussen A. *Accuracy and Conservatism of Var Models: a Wavelet Decomposed Var Approach Versus Standard Arma-garch Method* [J]. International Journal of Economics and Finance, 2009, 1 (2).

④ Abiad A, Mody A. *Financial Reform: What Shakes It? What Shapes It?* [J]. American Economic Review, 2005, 95 (1): 66-88.

⑤ Ang J B, Mckibbin W J. *Financial Liberalization, Financial Sector Development and Growth: Evidence From Malaysia* [J]. Journal of Development Economics, 2007, 84 (1): 215-233.

⑥ Udoh E, Ogbuagu U R. *Interest Rate Liberalization, Financial Development and Economic Growth in Nigeria* (1970-2008) [J]. Asian Social Science, 2012, 8 (3): 292-302.

⑦ Stiglitz J E, Weiss A. *Credit Rationing in Markets with Imperfect Information* [J]. The American Economic Review, 1981, 71 (3): 393-410.

代理成本，控制贷款利率有助于降低投资的代理成本。从监管的角度，他们认为政府需要适当控制利率上限是必要的、合理的。他们的研究逐渐发展为现在的金融约束理论。

2.1.2 国内利率市场化研究

对利率市场化进行文献回顾时，国内学者多认为利率市场化研究源于麦金农和爱德华·肖的金融抑制和金融深化理论。从可查阅到的文献来看，国内关于利率市场化的研究多开始于国家经济转型、放松贷款利率、金融改革等一系列探索实践，因此理论研究滞后于实践。

1. 利率市场化改革

（1）利率市场化内涵与意义

景学成（1999）认为，由市场资金供求关系决定的利率称为市场利率，其中市场资金供求实际上是借贷双方协商确定的，而管制情况下的利率是由政府或者央行等借贷之外的第三方机构确定的[1]。刘义圣（2002）认为利率市场化是金融机构依据自身情况、市场上资金供求状况来确定利率水平[2]。为改变实际利率形成的"非市场化"所带来的弊端，我国政府将积极稳妥地推进利率市场化确立为当前及今后一段时间内利率体制改革的重点，着眼于建立围绕中国人民银行确定的基准利率，以货币市场利率为主导、国家宏观调控与市场自我调节并重的利率管理体系。

孙云峰（2003）认为金融自由化改革的核心是利率市场化[3]。易纲（2009）、中国人民银行调查统计司课题组成员（2011）等详细总结了我国利率市场化改革的历史与进程，概括了利率市场化改革的成功经

---

[1] 景学成. 中国利率市场化进程 [M]. 中国财政经济出版社，1999.
[2] 刘义圣. 中国利率市场化改革论纲 [M]. 北京大学出版社，2002.
[3] 孙云峰. 利率市场化几个问题的再认识 [J]. 金融理论与实践，2003（6）：13-15.

验，将我国利率市场化改革阶段性目标设定为实现"贷款利率管下限，存款利率管上限"①②。我国在1993年确立的利率市场化改革的总体思路可大致概括为：以货币市场利率和债券市场利率的稳步放开为先导，稳步推动贷款利率的市场化进程；再按照"先外币，后本币；先贷款，后存款；先长期、大额，后短期、小额"的顺序有序推进存贷款利率市场化。

刘轶（2003）则认为，利率市场化是指一国政府放松对所在国利率以及各类金融机构所收取的各种利率的管制③。许崇正（2001）则认为，利率是金融资本和信贷资源自发配置的结果，利率市场化是长久趋势与客观性规律④。

（2）利率市场化的条件、次序问题

国内学者在有效梳理并合理借鉴国外推行利率市场化改革的成功经验基础上，归纳并厘清我国利率市场化的客观约束条件和现实实现路径（李扬，2003；王国松，2001；赵英军，1999 等）⑤⑥⑦。戴根有（2003）认为利率市场化应以货币市场的高效培育为出发点，需要重点提升商业银行的自我约束能力、内部控制能力和利率敏感度⑧。钱小安

---

① 易纲. 中国改革开放三十年的利率市场化进程 [J]. 金融研究, 2009 (1)：1-14.
② 中国人民银行调查统计司课题组. 我国利率市场化的历史、现状与政策思考 [J]. 中国金融, 2011 (15)：13-15.
③ 刘轶. 中国利率市场化进程中基准利率的选择 [J]. 财经理论与实践, 2003, 24 (4)：56-59.
④ 许崇正. 中国利率市场化的实施思路 [J]. 经济研究参考, 2001 (23)：19-19.
⑤ 李扬. 用5~10年时间完成利率市场化 [J]. 宁波经济：财经视点, 2003 (7)：5-7.
⑥ 王国松. 中国的利率管制与利率市场化 [J]. 经济研究, 2001 (6)：13-20.
⑦ 赵英军. 利率自由化：并非自由的选择 [M]. 中国经济出版社, 1999.
⑧ 戴根有. 中国央行公开市场业务操作实践和经验 [J]. 金融研究, 2003 (1)：55-65.

（2003）认为利率市场化重要内容是提高企业经营状况和加强金融监管①。胡新智和袁江（2011）通过总结各国利率市场化经验，包括比较"渐进式"和"激进式"的利率市场化模式，认为渐进式的改革方能避免我国改革过程中经济的巨大波动②。江春和刘春华（2006）研究了中欧、东欧以及亚洲一些发展中国家和经济转型过程中国家的利率市场化，认为简单选择改革方式是激进还是渐进是不合理的，应该以本国的宏观经济环境为依据，求稳定、效率、发展之间的平衡③。

（3）利率市场化带来的效应和风险

张孝岩和梁琪（2010）利用农村经济数据验证了利率市场化改革的有效性，但发现在农村地区金融抑制现象依旧明显④。陈涛（2002）从中央银行的角度出发，认为利率市场化有助于增强货币政策的传递和有效性，但也会存在或带来一系列改革风险⑤。利率管制放开后，可能存在非市场因素、市场失灵或外部力量冲击等因素导致利率剧烈波动，造成金融秩序混乱和市场动荡。赵波和胡智（2004）则基于利率市场化改革的多方参与主体视角对各自利率市场化的效应和风险进行了有针对性的分析和研判，认为利率市场化造成商业银行利率敏感性加剧，竞争加剧，以此促进商业银行进行金融创新，同时放开利率管制，企业经营业绩短期内会出现下滑，但中长期来看是会得到提升的⑥。徐忠和程

---

① 钱小安. 金融开放条件下利率市场化的动力、约束与步骤 [J]. 世界经济，2003（3）：57-61.

② 胡新智，袁江. 渐进式改革：中国利率市场化的理性选择——利率市场化的国际经验及其对中国的启示 [J]. 国际经济评论，2011（6）：132-145.

③ 江春，刘春华. 经济转轨国家利率市场化的制度分析 [J]. 武汉大学学报（哲学社会科学版），2006，59（1）：46-53.

④ 张孝岩，梁琪. 中国利率市场化的效果研究——基于我国农村经济数据的实证分析 [J]. 数量经济技术经济研究，2010（6）：35-46.

⑤ 陈涛. 利率市场化与货币政策的有效性分析 [J]. 金融理论探索，2002（2）：2-5.

⑥ 赵波，胡智. 利率市场化的经济效应与风险 [J]. 经济师，2004（3）：73-74.

恩江（2004）认为农村信贷市场价格扭曲的原因之一是政府对利率的管制①。黄金老（2001）研究发现，以金融自由化为主要表征的金融体制改革在推动经济发展的同时，也增加了金融的脆弱性，容易引致金融危机的发生②。王国松（2001）指出了利率市场化受财政、银行风险、投资与消费需求等因素的影响③。利率市场化国际比较研究课题组（2002a）也得出类似的观点，同时对因为金融市场不完善而引发的风险控制问题给予了重点关注④。邵伏军（2004）对利率市场化改革引致的宏观、微观等各层面的风险进行了分析，将利率市场化改革后国民经济可能受到的冲击与波动问题作为重点予以警示⑤。顾宁和黄丽萍（2007）重点分析了利率市场化改革所引致的各类风险，有针对性和预见性地提出了完善金融市场、创新融资工具、推动银行改革、提升管控能力等合理化的政策建议⑥。

2. 利率市场化与银行

随着利率市场化改革的推进，央行逐步放松对商业银行存贷款利率的政策管制，商业银行时常会出现存款利率升高，贷款利率下降，进而利差收窄的现象（盛松成和童士清，2007；肖欣荣和伍永

---

① 徐忠，程恩江．利率政策、农村金融机构行为与农村信贷短缺［J］．金融研究，2004（12）：34-44.
② 黄金老．利率市场化与商业银行风险控制［J］．经济研究，2001（1）：19-28.
③ 王国松．中国的利率管制与利率市场化［J］．经济研究，2001（6）：13-20.
④ 利率市场化国际比较研究课题组．我国利率市场化的风险分析［J］．中国金融，2002（3）.
⑤ 邵伏军．利率市场化改革的风险分析［J］．金融研究，2004（6）：90-103.
⑥ 顾宁，黄丽萍．中国利率市场化改革的风险与治理［J］．学习与探索，2007（5）：152-155.

刚，2011）①②，而利差收窄无疑会使得商业银行财务状况和经营成果发生深刻改变。樊胜（2007）分析了利率市场化对商业银行的投融资行为的影响③。戴根有（2003）以中外金融制度演变为切入点对世界金融历史进行比较研究后认为，商业银行应建立完善的内部治理机制和业务流程，不断提升自身综合实力来积极应对利率市场化改革④。牛晓健和裘翔（2013）通过我国上市银行数据认为处于利率水平较低时期的政策环境会加强我国商业银行风险管理与风险应对的能力⑤。陆静等（2014）则基于贷款利率市场化的自然实验，分析商业银行会通过加大信贷投放力度、盈利模式多元化等方式促进自身经营利润的增加⑥。左峥等（2014）通过重点研究以存贷利率管制放松为主要特征的利率市场化进程带来的现实影响，发现利率市场化改革使得商业银行收入波动性明显加大，存贷利差的降低使得商业银行营业收入明显减少；商业银行为了平抑营收波动，促进收益平稳较快增长，会大力进行信贷产品创新，通过优化资产配置结构、多元化配置资产的方式来拓宽利润来源⑦。

应千凡等（2012）研究发现，商业银行可以借助贷款利率上限的

---

① 盛松成，童士清.商业银行存贷利差：扩大还是缩小？[J].金融研究，2007（11）：13-19.
② 肖欣荣，伍永刚.美国利率市场化改革对银行业的影响[J].国际金融研究，2011（1）：69-75.
③ 樊胜.利率市场化对商业银行投融资行为的影响[J].上海金融学院学报，2007（2）：27-32.
④ 戴根有.中国央行公开市场业务操作实践和经验[J].金融研究，2003（1）：55-65.
⑤ 牛晓健，裘翔.利率与银行风险承担——基于中国上市银行的实证研究[J].金融研究，2013（4）：15-28.
⑥ 陆静，王漪碧，王捷.贷款利率市场化对商业银行风险的影响——基于盈利模式与信贷过度增长视角的实证分析[J].国际金融研究，2014，326（6）：50-59.
⑦ 左峥.存款利率市场化是否会提高银行风险——基于存贷利差收窄的一个视角[J].财经科学，2014（2）：20-29.

放开，通过对中小民营企业的放贷获得超额信贷风险补偿，而此类业务将成为商业银行未来的新利润增长点；同时，贷款利率下限管制的放松，有利于包括国有大中型企业在内的资质优良企业获得更多的低成本信贷资源，从某种程度上加剧了商业银行对大客户资源抢夺的竞争程度①。

2.1.3 制度环境与利率市场化

利率市场化的过程是制度变迁过程，在对利率市场化的条件研究的过程中，学者们普遍认为，要对利率市场化的有效性作客观研判，必须对决定利率形成的制度环境进行充分考量，只有这样，才能在实践中坚持利率市场化改革进程的正确方向，并最大限度地获得制度创新的边际收益。

Chirwa 和 Mlachila（2004）② 分析了导致马拉维利率市场化改革效果不佳的原因。他们认为产权的保护及合约的执行等是金融改革、经济转型中必须随之改革的部分。作为金融改革有效的保障，明晰的、安全的产权制度等良好的制度能保护产权、合约、投资者、债权人的权利（Beck 和 Levine，2005；Classens 和 Laeven，2003）③④。Demirgüç-Kunt 和 Detragiache（1998）基于 15 年、50 个国家或地区的大样本数据，实证研究了金融自由化改革推行之后，在整体制度环境相对较好（如国家法制健全、国民法律意识强烈、官员清正廉洁、合同履约执行到位）的国家或地区，银行业危机发生的概率会更小。

---

① 应千凡，易振华，焦琦斌，等. 利率市场化、商业银行信贷与企业融资行为 [J]. 南方金融，2012（7）：8-12.

② Chirwa E W, Mlachila M. *Financial Reforms and Interest Rate Spreads in the Commercial Banking System in Malawi* [J]. Imf Staff Papers, 2004, 51（1）: 96-122.

③ Beck T, Levine R. *Legal Institutions and Financial Development* [Z]. Springer, 2005: 251-278.

④ Claessens S, Laeven L. *Financial Development, Property Rights, and Growth* [J]. The Journal of Finance, 2003, 58（6）: 2401-2436.

目前我国学者主要从制度环境理论、产权理论、交易成本理论等视角探究利率市场化特性、成因、影响方式及实施路径，大体围绕定性理论分析和经验比较等方面开展。万荃和孙彬（2012）认为影响利率市场化改革的因素分析中，不能忽视制度环境和制度建设[①]。江春（1999）较早从制度层面归纳出利率契约从形式和实质上具备不完全性、信息不对称性及机会主义行为等主要特征，总结出我国利率市场化进程推进的前提假设条件是产权制度合理明晰、交易成本约束规范[②]。

金融发展中制度因素包括产权制度、法律制度、监管制度、政治制度和社会文化等。发展中国家和经济转型中的国家若没有处理好制度改革，其市场化改革的绩效也将不尽如人意。徐义国（2008）研究发现，配套制度不健全或是严重缺失的金融自由化会大幅地增加社会交易成本。发展中国家倘若过分地追求市场自由化，因"权利"和"资本"交换而引致的"设租"和"寻租"现象会导致社会交易成本大幅上升[③]。王仕豪（2006）对利率市场化的研究则聚焦于产权范畴。他认为我国国有企业以产权不清晰、委托人缺位为表征的产权残缺特性使得国有企业对利率敏感度不高，严重制约了利率对资金配置作用的有效发挥，只有充分理顺了国有企业产权关系，彻底消除产权缺失问题，方能为利率市场化改革解除制度枷锁[④]。

从制度经济学层面考量，利率市场化的推进并不能简单理解为政府放松利率管制，而应该是让市场发挥对资金资源配置的基础性作用，并辅以协调运转、有效制衡、高效配合的制度安排。利率市场化改革根植

[①] 万荃,孙彬. 利率市场化改革：比较与借鉴[J]. 当代经济研究,2012(5)：71-74.

[②] 江春. 中国利率实践中的产权问题[J]. 贵州财经大学学报,1999（Z1）.

[③] 徐义国. 金融自由化的路径及其效应：经验推演与中国实践[D]：中国社会科学院研究生院,2008.

[④] 王仕豪. 利率市场化的产权经济学分析[J]. 中州学刊,2006（2）：52-54.

于制度环境，与制度变迁相伴相生，全面领会、精准掌握制度经济学理论和成功实践经验，有助于宏观把控中国利率市场化制度变迁的整体逻辑，有利于以利率市场化为切入点，积极探索市场化的利率调控机制，推动货币政策向价格调控方式转型，进而促进我国金融业的全面对外开放。

2.2　企业融资与投资

2.2.1　企业投融资行为

1. 融资结构

1958年，Modigliani和Miller提出的"MM定理"是企业现代融资结构问题的起点和基础框架，其核心问题是企业如何有效配置资本结构，科学设定权益资本和债务资本的比例，进而实现价值最大化。MM定理证明了企业价值与融资方式没有关联，最优资本结构是完全负债。MM定理提出的三个假设条件（不存在企业与个人所得税、企业不存在破产风险和资本市场充分有效）过于严苛，与实践有较大偏差，之后的学者们在此基础上不断地放松不同假设，对此定理进行修正。但总体上资本结构理论基本依照"资本结构—企业行为—企业价值"研究范式，与信息经济学、制度经济学、行为金融理论、产权理论、契约理论、公司治理等诸多理论融合，发展出了丰富的投融资理论。

权衡理论认为企业债务融资带来的破产风险和财务困境，是企业无限度提高负债比率所致。Robichek（1967）①、Kraus（1973）②、Rubin-

---

① Robichek A A, Mcdonald J G, Higgins R C. *Some Estimates of the Cost of Capital to Electric Utility Industry, 1954-1957: Comment* [J]. The American Economic Review, 1967, 57 (5): 1278-1288.

② Kraus A, Litzenberger R H. *A State-preference Model of Optimal Financial Leverage* [J]. The Journal of Finance, 1973, 28 (4): 911-922.

stein（1973）①等学者在 MM 定理基础上加入税收、财务成本等方面因素，研究发现企业存在合理的负债比率，若企业找到这个最优权衡比率，可以使企业可能存在的财务危机成本，与额外增加的负债所产生的税盾的边际收益抵消，实现最优负债结构。部分学者实证发现债务融资对企业盈利或企业发展存在负相关（Rajan 和 Zingales，1995；Barclay 等，2006）②③。由于受市场摩擦、信息不对称、破产成本以及所得税等因素影响，任何企业都存在一个最佳资本结构使得公司价值能够实现最大化问题（Deangelo 和 Masulis，1980；Leary 和 Roberts，2005；姜付秀和黄继承，2011）④⑤⑥。

Jensen 和 Meckling（1976）指出企业的股东、经营者和投资者之间会同时存在着股权代理成本和债权代理成本，只有当两者的边际代理成本完全相同时，企业才有可能获得最佳的资本结构⑦。Ross（1977）将信息不对称引入 MM 定理，建立了信号传递模型，强调企业信息对融资

---

① Rubinstein M E. *A Mean-variance Synthesis of Corporate Financial Theory* [J]. The Journal of Finance，1973，28（1）：167-181.

② Rajan R G, Zingales L. *What Do We Know About Capital Structure? Some Evidence From International Data* [J]. The Journal of Finance，1995，50（5）：1421-1460.

③ Barclay M J, Smith C W, Morellec E. *On the Debt Capacity of Growth Options* [J]. The Journal of Business，2006，79（1）：37-60.

④ Deangelo H, Masulis R W. *Optimal Capital Structure Under Corporate and Personal Taxation* [J]. Journal of Financial Economics，1980，8（1）：3-29.

⑤ Leary M T, Roberts M R. *Do Firms Rebalance Their Capital Structures?* [J]. The Journal of Finance，2005．60（6）：2575-2619.

⑥ 姜付秀，黄继承．市场化进程与资本结构动态调整 [J]．管理世界，2011（3）：124-134，167．

⑦ Jensen M C, Meckling W H. *Theory of the Firm：Managerial Behavior, Agency Costs and Ownership Structure* [J]. Journal of Financial Economics，1976，3（4）：305-360.

成本和企业价值的作用①。之后公司治理与融资结构理论交叉融合发展出了控制权理论。Harris 和 Raviv（1990）认为在资本结构中可增加企业的负债比例，因为债务融资有利于强化公司的监督和约束机制②。

Myers 和 Majluf（1984）的优序融资理论提出由于外部融资成本大于内部融资成本，因此企业应优先选择内部融资③。但是如果企业从外部获取信贷资金有困难或者完全无法从外部获得信贷支持时，企业为了缓解融资约束问题会选用其他可供选择的方式（Morellec 和 Schürhoff，2011；Ding 等，2013；程新生等，2012；鞠晓生等，2013；曾爱民等，2013）④⑤⑥⑦⑧。还有学者认为除了企业自身融资需求外，金融市场供给也影响企业融资结构决策（于蔚等，2012；Faulkender 和 Petersen，

---

① Ross S A. *The Determination of Financial Structure: the Incentive-signalling Approach* [J]. The Bell Journal of Economics, 1977（5）：23-40.

② Harris M, Raviv A. *Capital Structure and the Informational Role of Debt* [J]. The Journal of Finance, 1990, 45（2）：321-349.

③ Myers S C, Majluf N S. *Corporate Financing and Investment Decisions When Firms Have Information That Investors Do Not Have* [J]. Journal of Financial Economics, 1984, 13（2）：187-221.

④ Morellec E, Schürhoff N. *Corporate Investment and Financing Under Asymmetric Information* [J]. Journal of Financial Economics, 2011, 99（2）：262-288.

⑤ Ding S, Guariglia A, Knight J. *Investment and Financing Constraints in China: Does Working Capital Management Make a Difference?* [J]. Journal of Banking & Finance, 2013, 37（5）：1490-1507.

⑥ 程新生. 非财务信息、外部融资与投资效率——基于外部制度约束的研究 [J]. 管理世界, 2012（7）：137-150.

⑦ 鞠晓生, 卢荻, 虞义华. 融资约束、营运资本管理与企业创新可持续性 [J]. 经济研究, 2013（1）：4-16.

⑧ 曾爱民. 金融危机冲击、财务柔性储备与企业投资行为——来自中国上市公司的经验证据 [J]. 管理世界, 2013（4）：107-120.

2012)①②，由于金融市场摩擦等因素的存在，企业资本结构经常处于偏离最佳资本结构的状态（王正位等，2007)③。

2. 投资效率

投资决策是企业最重要的财务决策之一，在不完善的资本市场上，企业的投资行为影响因素分为外部因素（宏观经济波动、税收政策、消费需求变化等）和企业内部特性因素（企业资本结构、治理结构、融资渠道、管理层特质和企业成长能力等）（Myers，1977；Jensen 和 Meckling，1976；Jensen，1986；Stein，2003；Dittmar 和 Thakor，2007)④⑤⑥⑦⑧。国外文献中常从以下两种视角来研究投资效率问题：一是以 Myers、Majluf 和 Hubbard 为代表的融资约束理论视角，认为企业外部融资成本大于内部融资成本，并且存在信息不对称和逆向选择问题，导致投资低于最优值。二是以 Jensen 为代表的自由现金流理论视

---

① 于蔚，金祥荣，钱彦敏. 宏观冲击、融资约束与公司资本结构动态调整[J]. 世界经济，2012（3）：24-47.

② Faulkender M，Petersen M. *Investment and Capital Constraints：Repatriations Under the American Jobs Creation Act*[J]. The Review of Financial Studies，2012，25（11）：3351-3388.

③ 王正位，赵冬青，朱武祥. 资本市场摩擦与资本结构调整——来自中国上市公司的证据[J]. 金融研究，2007（6）：109-119.

④ Myers S C. *Determinants of Corporate Borrowing*[J]. Journal of Financial Economics，1977，5（2）：147-175.

⑤ Jensen M C，Meckling W H. *Theory of the Firm：Managerial Behavior，Agency Costs and Ownership Structure*[J]. Journal of Financial Economics，1976，3（4）：305-360.

⑥ Jensen M C. *Agency Costs of Free Cash Flow，Corporate Finance，and Takeovers*[J]. The American Economic Review，1986，76（2）：323-329.

⑦ Stein E，Daude C. *Institutions，Integration and the Location of Foreign Direct Investment*[EB/OL]. https：//pdfs.semanticscholar.org/3721/fdc224f1f96e46e63cd832c59dd65ed75bbc.pdf.

⑧ Dittmar A，Thakor A. *Why Do Firms Issue Equity？*[J]. The Journal of Finance，2007，62（1）：1-54.

角，认为富裕的自由现金流导致企业经理们将剩余资金投资到非盈利项目，造成企业投资过度。

根据 MM 理论，一个企业的日常经营行为可以通过融资能力影响投资决策的方式来施加作用，比如拥有较强融资能力的企业会加大对产品的研发投入，进而增强企业产品竞争力。Boyle 和 Guthrie（2003）的研究结果表明，融资能力越强的企业越倾向于获得更高的投资收益[1]。公司融资结构对企业投资的理论研究与实证检验可分为企业投资决策的影响因素、投资效率。针对企业投资效率的研究，西方大量文献主要围绕会计信息质量（Biddle 等，2009；Chen 等，2011）[2][3]、信息不对称与融资约束（Myers 和 Majluf，1984；Fazzari 等，1988b）[4][5]、委托代理问题（Johnson 等，2000）[6]、代理问题与公司治理（Jensen，1986）[7]等视角，研究这些因素对企业投资效率的影响。如 Zheka（2005）以乌克兰上市公司为研究样本考察不同的股权结构和公司治理质量对公司效率的影响，研究发现所有权的集中有利于提高公司效率，公司治理质量

---

[1] Boyle G W, Guthrie G A. *Investment, Uncertainty, and Liquidity* [J]. The Journal of Finance, 2003, 58 (5): 2143-2166.

[2] Biddle G C, Hilary G, Verdi R S. *How Does Financial Reporting Quality Relate to Investment Efficiency?* [J]. Journal of Accounting and Economics, 2009, 48 (2): 112-131.

[3] Chen F, Hope O, Li Q, et al. *Financial Reporting Quality and Investment Efficiency of Private Firms in Emerging Markets* [J]. The Accounting Review, 2011, 86 (4): 1255-1288.

[4] Myers S C, Majluf N S. *Corporate Financing and Investment Decisions When Firms Have Information That Investors Do Not Have* [J]. Journal of Financial Economics, 1984, 13 (2): 187-221.

[5] Fazzari S M, Hubbard R G, Petersen B C. *Investment, Financing Decisions, and Tax Policy* [J]. The American Economic Review, 1988, 78 (2): 200-205.

[6] Johnson S, La porta R, Lopez-de-silanes F, et al. *Tunneling* [J]. American Economic Review, 2000, 90 (2): 22-27.

[7] Jensen M C. *Agency Costs of Free Cash Flow, Corporate Finance, and Takeovers* [J]. The American Economic Review, 1986, 76 (2): 323-329.

对提升企业效率有正向影响①。

国内文献主要从企业内部和外部环境两个方面展开对投资效率的研究。

企业内部环境多集中于企业管理者特征、企业现金流管理、盈余管理以及会计信息质量等方面。通过分析不同融资因素或条件与投资和内部现金流之间的关系，发现内部现金流富裕的公司倾向于过度投资，而内部现金流紧缺的公司倾向于减少投资（唐清泉和肖海莲，2012；黄宏斌等，2016；孙颖和谢召恒，2017；章浩，2017）②③④⑤，高质量会计信息通过完善契约关系和增加监督有效性，降低道德风险和逆向选择等不利行为的发生来提高公司投资效率（李青原，2009；李青原等，2010）⑥⑦。除此之外，诸如决策权配置（刘慧龙等，2014）⑧、CEO 任期（李培功和肖珉，2012）⑨、管理者背景（李焰等，2011）⑩、经理薪

---

① Zheka V. Corporate Governance, Ownership Structure and Corporate Efficiency: the Case of Ukraine [J]. Managerial and Decision Economics, 2005, 26 (7): 451-460.
② 唐清泉，肖海莲. 融资约束与企业创新投资—现金流敏感性——基于企业 R&D 异质性视角 [J]. 南方经济，2012 (11): 42-56.
③ 黄宏斌，翟淑萍，陈静楠. 企业生命周期、融资方式与融资约束——基于投资者情绪调节效应的研究 [J]. 金融研究，2016 (7): 96-112.
④ 孙颖，谢召恒. 现金股利、融资约束与企业非效率投资相关性文献综述 [J]. 财会学习，2017 (17): 217-218.
⑤ 章浩. 企业投资的融资约束理论研究 [J]. 现代经济信息，2017 (19): 296.
⑥ 李青原. 会计信息质量、审计监督与公司投资效率——来自我国上市公司的经验证据 [J]. 审计研究，2009 (4): 51, 65-73.
⑦ 李青原，陈超，赵曌. 最终控制人性质、会计信息质量与公司投资效率——来自中国上市公司的经验证据 [J]. 经济评论，2010 (2): 81-93.
⑧ 刘慧龙，王成方，吴联生. 决策权配置、盈余管理与投资效率 [J]. 经济研究，2014 (8): 93-106.
⑨ 李培功，肖珉. CEO 任期与企业资本投资 [J]. 金融研究，2012 (2): 127-141.
⑩ 李焰，秦义虎，张肖飞. 企业产权、管理者背景特征与投资效率 [J]. 管理世界，2011 (1): 135-144.

资（李培功和肖珉，2012；李焰等，2011；李青原等，2010；辛清泉等，2007）①②③④ 等企业管理者的差异化也将影响企业的投资效率。

企业外部环境集中在企业产权性质、政府政策干预等方面。

在对我国经济与管理的研究中，国有企业和民营企业的产权差异给企业带来的影响是不同的，从实证角度研究国有企业和民营企业投资行为方面差异的研究较少（张敏等，2010；李焰等，2011；赵静和郝颖，2014；黄健柏等，2015）⑤⑥⑦⑧。

一些学者从企业外部环境包括经济环境不确定性（申慧慧等，2012；陆正飞等，2009；饶品贵等，2017）⑨⑩⑪、法治环境（万良勇，2013）⑫ 等对企业投资行为的影响因素进行研究，检验了企业投资决策

---

① 李培功，肖珉. CEO 任期与企业资本投资 [J]. 金融研究，2012（2）：127-141.

② 李焰，秦义虎，张肖飞. 企业产权、管理者背景特征与投资效率 [J]. 管理世界，2011（1）：135-144.

③ 李青原，陈超，赵曌. 最终控制人性质、会计信息质量与公司投资效率——来自中国上市公司的经验证据 [J]. 经济评论，2010（2）：81-93.

④ 辛清泉，郑国坚，杨德明. 企业集团、政府控制与投资效率 [J]. 金融研究，2007（10）：123-142.

⑤ 张敏，吴联生，王亚平. 国有股权、公司业绩与投资行为 [J]. 金融研究，2010（12）：115-130.

⑥ 李焰，秦义虎，张肖飞. 企业产权、管理者背景特征与投资效率 [J]. 管理世界，2011（1）：135-144.

⑦ 赵静，郝颖. 政府干预、产权特征与企业投资效率 [J]. 科研管理，2014，35（5）：86-94.

⑧ 黄健柏，徐震，徐珊. 土地价格扭曲、企业属性与过度投资——基于中国工业企业数据和城市地价数据的实证研究 [J]. 中国工业经济，2015（3）：57-69.

⑨ 申慧慧，于鹏，吴联生. 国有股权、环境不确定性与投资效率 [J]. 经济研究，2012（7）：114-127.

⑩ 陆正飞，祝继高，樊铮. 银根紧缩、信贷歧视与民营上市公司投资者利益损失 [J]. 金融研究，2009，350（8）：124-136.

⑪ 饶品贵，岳衡，姜国华. 经济政策不确定性与企业投资行为研究 [J]. 世界经济，2017（2）：29-53.

⑫ 万良勇. 法治环境与企业投资效率——基于中国上市公司的实证研究 [J]. 金融研究，2013（12）：154-166.

和投资行为受外部环境变化的影响。如申慧慧等（2012）① 发现环境不确定性越高，相对于民营企业来说，国有企业投资不足情况更少，但过度投资程度更高。

一些学者从政府政策干预（唐雪松等，2010；赵静和郝颖，2014；辛清泉等，2007；金宇超等，2016；黄俊和李增泉，2014）②③④⑤⑥等中国独特制度环境研究了其对企业投资效率的影响，普遍认为政府干预加剧了企业的过度投资。

3. 投资结构

新古典投资理论主要代表人物 Jorgenson（1963）⑦ 首次提出资本使用者概念，指出税收政策的变化是通过影响资本使用者成本，从而影响企业投资行为。资本仅指物质资本投资，并未涉及金融、人力资本投资。

McConnell 等（1985）⑧ 发现企业投资决策影响企业未来收益。企

---

① 申慧慧，于鹏，吴联生. 国有股权、环境不确定性与投资效率［J］. 经济研究，2012（7）：114-127.
② 唐雪松，周晓苏，马如静. 政府干预、GDP 增长与地方国企过度投资［J］. 金融研究，2010（8）：33-48.
③ 赵静，郝颖. 政府干预、产权特征与企业投资效率［J］. 科研管理，2014，35（5）：86-94.
④ 辛清泉，郑国坚，杨德明. 企业集团、政府控制与投资效率［J］. 金融研究，2007（10）：123-142.
⑤ 金宇超，靳庆鲁，宣扬. "不作为"或"急于表现"：企业投资中的政治动机［J］. 经济研究，2016，51（10）：126-139.
⑥ 黄俊，李增泉. 政府干预、企业雇员与过度投资［J］. 金融研究，2014（8）：118-130.
⑦ Jorgenson D W. *Capital Theory and Investment Behavior*［J］. The American Economic Review, 1963, 53（2）：247-259.
⑧ Mcconnell J J, Muscarella C J. *Corporate Capital Expenditure Decisions and the Market Value of the Firm*［J］. Journal of Financial Economics, 1985, 14（3）：399-422.

业未来收益、投资者要求回报率共同决定企业价值,而企业价值表示通过预估企业获利能力和成长能力改变而创造财富的现值(Ohlson,1995)①。企业资本流向、资本规模和资本价值表现出的异质性同样是由内外部因素共同决定的。内部因素常见的有企业的所有制性质、企业所有权控制影响和资产属性(Dyck 和 Zingales,2004)②,外部因素常见的有当地政府干预程度、当地法治水平等(Shleifer 等,1989;Shleifer 和 Vishny,1997;Stein 等,2001;La Porta 等,2000)③④⑤⑥。

国内对于企业投资结构的研究受新古典投资理论的影响,对于投资结构的研究主要集中在宏观经济、产业层面,更多关注的领域是物质资本投资,特别是固定资产投资。同样,他们认为企业的投资结构也不能割裂产权、制度环境。郝颖团队从多角度实证研究了政府干预、市场化进程等外部制度环境对企业过度投资、投资取向的影响(郝颖和刘星,2011a;郝颖和刘星,2011b;赵静和郝颖,2013;刘行等,2013;郝颖

---

① Ohlson J A. *Earnings, Book Values, and Dividends in Equity Valuation* [J]. Contemporary Accounting Research, 1995, 11 (2): 661-687.

② Dyck A, Zingales L. *Private Benefits of Control: an International Comparison* [J]. The Journal of Finance, 2004, 59 (2): 537-600.

③ Shleifer A, Vishny R W. *Management Entrenchment: the Case of Manager-specific Investments* [J]. Journal of Financial Economics, 1989, 25 (1): 123-139.

④ Shleifer A, Vishny R W. *A Survey of Corporate Governance* [J]. The Journal of Finance, 1997, 52 (2): 737-783.

⑤ Stein E, Daude C. *Institutions, Integration and the Location of Foreign Direct Investment* [EB/OL]. https://pdfs.semanticscholar.org/3721/fdc224f1f96e46e63cd832c59dd65ed75bbc.pdf.

⑥ La porta R, Lopez-de-silanes F, Shleifer A, et al. *Agency Problems and Dividend Policies Around the World* [J]. The Journal of Finance, 2000, 55 (1): 1-33.

等，2014）①②③④⑤。

何大安（2002）⑥ 在分析市场体制下的投资传导循环机制时认为，投资流向是企业投资活动表征，而投资结构则是投资活动的结果。一个动态的投资传导循环过程是投资流向通过投资结构而影响产业结构。

在为数不多的关于企业投资结构的研究中，仅有少量文献使用实证方法来研究投资结构。基于新古典投资理论研究的物质资本投资，学者们在固定资产投资的基础上，增加了研发投入、无形资产投资、流动资产投资等类别来研究我国企业资产投资结构的变化（郝颖等，2009；秦海玲，2011）⑦⑧。赵静、陈晓（2016）⑨ 以微观视角研究了其对企业投资结构和投资效率的效果。投资结构采用的是固定资产投资、研发投资和长期股权投资。

付文林和赵永辉（2014）⑩ 通过界定固定资产投资和权益性投资，进行实证分析我国现行税制制度带来的信贷资金配置结构偏离最优值，

---

① 郝颖，刘星．大股东自利动机下的资本投资与配置效率研究［J］．中国管理科学，2011，19（1）：167-176.

② 郝颖，刘星．政府干预、资本投向与结构效率［J］．管理科学学报，2011（4）：56-77.

③ 赵静，郝颖．GDP竞争动机下的企业资本投向与配置结构研究［J］．科研管理，2013（5）：102-110.

④ 刘行，叶康涛．企业的避税活动会影响投资效率吗？［J］．会计研究，2013（6）：47-53，96.

⑤ 郝颖，辛清泉，刘星．地区差异、企业投资与经济增长质量［J］．经济研究，2014（3）：101-114，189.

⑥ 何大安．投资秩序：规则安排与机理构成［J］．学术月刊，2002（9）：67-70.

⑦ 郝颖，刘星．资本投向——利益攫取与挤占效应［J］．管理世界，2009（5）：128-144.

⑧ 秦海玲．我国资产投资结构分析［J］．时代金融，2011（18）：181-182.

⑨ 赵静，陈晓．政府干预、货币政策与企业资本投资［J］．中国会计评论，2016（3）：295-316.

⑩ 付文林，赵永辉．税收激励、现金流与企业投资结构偏向［J］．经济研究，2014，49（5）：19-33.

最终导致了企业权益性投资的增加，也就是常说的企业金融化或企业投资结构虚拟化。企业购买固定资产、无形资产和其他长期资产的支出被界定为固定资产投资，企业购买交易性金融资产、持有到期投资、可供出售金融资产的支出被界定为权益性投资。

2.2.2 制度环境与企业投融资

社会学家 Scott 认为制度环境分为正式约束与非正式约束，包括管制性、规范性和认知性三大支柱系统。Mcconnell 和 Muscarella (1985)① 认同 Scott 的观点，认为制度环境是指"一个组织所处的法律制度、文化期待、社会规范、观念制度等等'广为接受'的社会事实"。在企业战略管理研究发展过程中，Muscarella 等学者发展了制度基础观，进一步完善了与企业管理相关的制度理论。

政府干预等制度因素在企业融资结构影响因素中与交易成本、代理成本、信息不对称、产权制度等方面并重。周黎安（2004）② 认为国有企业控制权从中央转移到地方政府，看似政府对企业控制放松，但在 GDP 为考核指标的当下，企业的发展，特别是国有企业的发展依旧带有很强的政府色彩。地方政府有动机且有能力干预企业的经营活动，例如要求合并，拓展投资领域提高当地经济增速，或解决就业问题。Shleifer 和 Vishny 根据以上现象提出政府"掠夺之手"理论。对应的，卢盛峰和陈思霞（2017）③ 提出政府"扶持之手"，认为政府更倾向于与国有企业等特定类型的企业建立关联，同时部分政治领导人更倾向给自身所偏好的特定地区的企业予以政策优惠等。政策偏袒会加剧企业的

---

① Mcconnell J J, Muscarella C J. *Corporate Capital Expenditure Decisions and the Market Value of the Firm* [J]. Journal of Financial Economics, 1985, 14 (3): 399-422.

② 周黎安. 晋升博弈中政府官员的激励与合作——兼论我国地方保护主义和重复建设问题长期存在的原因 [J]. 经济研究, 2004 (6): 33-40.

③ 卢盛峰, 陈思霞. 政府偏袒缓解了企业融资约束吗？——来自中国的准自然实验 [J]. 管理世界, 2017 (5): 51-65.

融资约束程度。受政绩考评、个人晋升等动机驱使，对于受产业政策鼓励或重点发展领域的企业，地方政府更加乐意提供补助或助其获得贷款，这客观上导致了政府对企业支持力度越大，企业长期负债水平就越高，投资水平也越高，过度投资现象也越发严重。黄俊等（2007）①、唐雪松等（2010）②、赵静和郝颖（2014）③ 的研究也得出类似的结论：地方政府干预国有企业的经营行为，导致国有企业过度投资，降低企业投资效率，而民营企业由于缺少政府扶持，出现投资不足。国务院发展研究中心《进一步化解产能过剩的政策研究》课题组成员（2015）认为我国企业退出机制不完善、财税体制以及地方政府的考评体系刺激了投资，带来了过度投资的倾向，同时要素市场化的不彻底为地方政府干预提供了便利④。这是我国产能过剩的特殊原因。

除去上述的制度环境，货币政策、宏观经济环境也是企业制定发展战略的重要外部因素。国内外已有文献表明，货币政策的波动会影响企业的投融资决策，进而改变企业的战略执行或制定（Kashyap 和 Stein，1994；Hu，1999；Mojon 等，2002；周英章和蒋振声，2002）⑤⑥⑦⑧。

---

① 黄俊，李增泉. 政府干预、企业雇员与过度投资 [J]. 金融研究，2014（8）：118-130.

② 唐雪松，周晓苏，马如静. 政府干预、GDP 增长与地方国企过度投资 [J]. 金融研究，2010（8）：33-48.

③ 赵静，郝颖. 政府干预、产权特征与企业投资效率 [J]. 科研管理，2014，35（5）：86-94.

④ 赵昌文，许召元，等. 当前我国产能过剩的特征、风险及对策研究——基于实地调研及微观数据的分析 [J]. 管理世界，2015（4）：1-10.

⑤ Kashyap A K, Stein J C. *Monetary Policy and Bank Lending* [M]. The University of Chicago Press，1994：221-261.

⑥ Hu C X. *Leverage, Monetary Policy, and Firm Investment* [J]. Economic Review-federal Reserve Bank of San Francisco，1999（2）：32-39.

⑦ Mojon B, Smets F, Vermeulen P. *Investment and Monetary Policy in the Euro Area* [J]. Journal of Banking & Finance，2002，26（11）：2111-2129.

⑧ 周英章，蒋振声. 货币渠道、信用渠道与货币政策有效性——中国 1993—2001 年的实证分析和政策含义 [J]. 金融研究，2002（9）：34-43.

我国存在的"信贷歧视"与货币政策变动叠加共同制约了我国微观企业外源融资能力,国有企业在货币政策紧缩情况下,因其国有背景更容易获得长期债务融资来应对外部环境的改变(江伟和李斌,2006)①。

也有少数文献对宏观政策冲击等如何影响投资效率展开了研究,如喻坤等(2014)②研究发现宏观货币政策冲击会进一步造成国有企业与非国有企业融资约束差异的扩大,并对两者的投资效率差距产生显著影响,货币紧缩时差距增大,货币宽松时差距缩小。

于泽等(2015)③认为,为了稳定经济增长、调整产业结构,我国在未来一段时间内还将保持适当的投资增速。商业银行因为贷款规模管制,利用影子银行业务将高风险贷款转移到表外,造成我国金融出现错配。缺乏投资机会的成熟大型企业更容易获得大量贷款,而成长性的中小企业虽有更多的投资机会,却因缺乏抵押品等原因只能寻求表外融资。

2.2.3 利率市场化与企业投融资

改革开放以来,我国逐步建立并不断完善货币政策的功能,作为国家宏观调控的重要手段的货币政策是一个循环传导的过程。已制定的货币政策一般通过货币渠道和信贷渠道进行传递,发挥效用。受货币政策影响的企业随之做出的反应和行为选择也将影响货币政策的执行与实

---

① 江伟,李斌. 金融发展与企业债务融资[J]. 中国会计评论,2006(2):255-276.
② 喻坤,李治国,张晓蓉,等. 企业投资效率之谜:融资约束假说与货币政策冲击[J]. 经济研究,2014(5):106-120.
③ 于泽,陆怡舟,王闻达. 货币政策执行模式、金融错配与我国企业投资约束[J]. 管理世界,2015(9):52-64.

施，进一步影响货币政策的调控与制定（何大安，2002）①。企业内部对于国家宏观货币政策的反应过程遵循企业融资行为影响投资行为的传导路径，换言之，货币政策微观传导作用在很大程度上是可以通过企业的融资、投资行为与效率来表现的。

发达国家先进经验认为市场经济制度建设的核心部分就是以利率市场化为首的金融改革。相较国内学者而言，国外学者对利率市场化与企业投融资行为关系方面的研究涉足更早，主要从企业融资约束、企业融资结构及银行效率等视角出发研究利率市场化及其经济后果。金融抑制理论认为，处于较低利率水平时，会导致社会资金需求过度，放松利率管制后，利率定价机制部分由市场需求决定，此举可以降低政府的管制成本，增加金融机构竞争意识，从而一定程度缓解企业融资难问题（Harris 等，1994；Gelos 和 Werner，2002）②③。

国外对利率市场化的研究很大一部分是有关企业融资约束问题的。Laeven（2003）④ 选取 13 个发展中国家接近 10 年的企业数据为研究样本，通过实证研究发现，利率市场化与整体企业融资约束并无显著关联，但以企业规模进行分组检验时，伴随着利率市场化进程的纵深推进，大企业面临融资约束现象更加显著，与之形成对比的是，

---

① 何大安. 投资秩序：规则安排与机理构成 [J]. 学术月刊, 2002 (9)：67-70.

② Harris J R, Schiantarelli F, Siregar M G. *The Effect of Financial Liberalization on the Capital Structure and Investment Decisions of Indonesian Manufacturing Establishments* [J]. The World Bank Economic Review, 1994, 8 (1)：17-47.

③ Gelos R G, Werner A M. *Financial Liberalization, Credit Constraints, and Collateral: Investment in the Mexican Manufacturing Sector* [J]. Journal of Development Economics, 2002, 67 (1)：1-27.

④ Laeven L. *Does Financial Liberalization Reduce Financing Constraints?* [J]. Financial Management, 2003 (2)：5-34.

中小企业所面对的融资难问题得到了一定程度的解决。Koo 和 Shin（2004）① 利用韩国企业的面板数据研究发现，韩国在 20 世纪 90 年代初所推行的利率市场化改革使得国内企业的融资约束现象得到有效缓解，大幅度减少了现金流量对投资支出的影响。Hennessy 等通过建立融资约束条件下的投资 Q 理论，研究发行股票并持有大量债务的公司的投资较低，且相比债务融资而言，企业越依赖股权融资，其融资边际成本越高，企业投资意愿和实际投资越低。另一部分是有关利率市场化对企业融资结构决策的影响研究。如 Ameer（2003）② 研究发现利率市场化改革发生后，企业资本结构更易趋于最优状态，而且企业资本结构因企业规模差异而表现出不同影响，小企业财务杠杆增加，大企业财务杠杆会有所降低。

与国外发达国家较早推行利率市场化相比，我国直到 20 世纪 80 年代才开始初步试行放松利率管制，90 年代才开始正式实行渐进式的利率市场化改革。利率市场化程度测度并无统一方法，且测量较为困难。我国对利率市场化对企业投融资行为的机理的研究较少。唐国正和刘力（2005）③ 研究发现，政府对于利率的管制是我国债务融资比重较大的原因之一。此外，战明华等（2013）④ 发现利率管制使得银行更愿意将贷款发放给具有政府担保的国有企业，以及具有竞争优

---

① Koo J, Shin S. *Financial Liberalization and Corporate Investments*: *Evidence From Korean Firm Data* [J]. Asian Economic Journal, 2004, 18 (3): 277-292.

② Ameer R. *Financial Liberalization and Capital Structure Dynamics in Developing Countries*: *Evidence From Emerging Markets of South East Asia* [R]. ABS Working Paper, 2003.

③ 唐国正, 刘力. 利率管制对我国上市公司资本结构的影响 [J]. 管理世界, 2005 (1): 56-64.

④ 战明华, 王晓君, 应诚炜. 利率控制、银行信贷配给行为变异与上市公司的融资约束 [J]. 经济学（季刊），2013, 12 (3): 1255-1276.

势的大企业，使得我国银行信贷呈现明显的"所有制歧视"与"规模歧视"现象。

取消利率管制以后，在压低市场需求的同时增加了市场资金供给，实现资金供求平衡，实际利率水平将伴随着均衡利率水平而出现整体上升，实际利率水平的整体上升将通过用资成本渠道抑制企业过度负债（金中夏等，2013；纪洋等，2015）①②。

国家放松利率管制使得商业银行间竞争不断加剧，促使商业银行对贷款风险的管理更加慎重（张宗益等，2012；彭建刚等，2016）③④，导致对于过度负债企业的再贷款难度加大。

李程（2012）⑤、李萍和冯梦黎（2016）⑥ 发现金融市场利率水平的提升有助于改善扭曲的金融体系结构，减少非正规金融规模，并且提高投资效率。王东静和张祥建（2007）⑦ 也发现贷款利率取消后，企业债务融资数量得以显著提升，企业融资结构也逐步趋于合理，企业融资约束得到了明显改善。

也有一部分学者认为我国利率市场化进程的推进在一定程度上缓解

---

① 金中夏，洪浩，李宏瑾. 利率市场化对货币政策有效性和经济结构调整的影响 [J]. 经济研究，2013（4）：69-82.
② 纪洋，徐建炜，张斌. 利率市场化的影响、风险与时机——基于利率双轨制模型的讨论 [J]. 经济研究，2015（1）：38-51.
③ 张宗益. 商业银行价格竞争与风险行为关系——基于贷款利率市场化的经验研究 [J]. 金融研究，2012（7）：1-14.
④ 彭建刚，王舒军，关天宇. 利率市场化导致商业银行利差缩窄吗？——来自中国银行业的经验证据 [J]. 金融研究，2016，433（7）：48-63.
⑤ 李程. 利率管制、金融扭曲与投资效率 [J]. 财经论丛，2012（2）：53-58.
⑥ 李萍，冯梦黎. 利率市场化对我国经济增长质量的影响：一个新的解释思路 [J]. 经济评论，2016（2）：74-84, 160.
⑦ 王东静，张祥建. 利率市场化、企业融资与金融机构信贷行为研究 [J]. 世界经济，2007（2）：50-59

了中小企业面临的融资难、融资贵等问题,信息不对称、产权制度等系列问题要求利率市场化改革必须有相应的配套制度(姬宁,2010;刘向耘,2013;于越,2009)①②③。傅利福(2014)④用实证分析方法论证了利率市场化背景下,银行更倾向于向大企业贷款,而小银行为了生存应该更多向小企业贷款。

2.3 企业金融化、空心化、脱实向虚

近年来,金融化一直是热点问题。现有文献常从宏观层面分析金融化带来的后果,或从微观层面讨论影响金融化的因素及动机问题。国外研究投资行为、投资结构的文献中,多用"金融化"来描述企业进行金融投资的行为。

在宏观研究层面,国外学者大多认为过度金融化将使得企业"由实变虚"。实体企业通过投资金融市场或参股金融机构带来的利益增长,在资源有限情况下,金融投资对实体投资产生"挤出效应"。过度地投资金融市场,将会导致整个社会的经济稳定性下降。同时,过度金融化会带来人力资源、金融资产错配,金融危机发生的可能性增高(Dore,2008;Orhangazi,2008;Freeman,2010;Bhaduri,2011;Pal-

---

① 姬宁. 利率市场化条件下中小企业融资研究 [J]. 经济研究导刊,2010 (33):63-64.
② 刘向耘. 利率市场化与中小企业融资 [J]. 南方金融,2013 (11):5-9.
③ 于越. 利率市场化与中小企业融资问题分析 [J]. 山东社会科学,2009 (11):122-124.
④ 傅利福. 利率市场化与中小企业融资约束——基于中小银行战略布局的视角 [J]. 贵州财经大学学报,2014,32 (6):34-41.

ley，2013；González 等，2014；Durán Ortiz，2014）①②③④⑤⑥⑦。

虽然我国实体经济虚拟化的趋势日益明显，但学者们对实体企业金融化驱动因素与治理问题讨论不多，相关理论问题解释尚不清楚。现有文献主要从实体企业金融化动机与后果两个方面展开研究，但并未得到同一结论。其中关于金融化动机方面，已有文献分别从金融市场不完善的融资约束、金融行业垄断的超额回报率以及金融监管不完善等视角对金融化动机展开研究（胡奕明等，2017；王红建等，2016；宋军和陆旸，2015；韩珣等，2017）⑧⑨⑩⑪。陈东（2015）⑫ 利用抽样调查数

---

① Dore R. *Financialization of the Global Economy* [J]. Industrial and Corporate Change，2008，17（6）：1097-1112.

② Orhangazi Ö. *Financialisation and Capital Accumulation in the Non-financial Corporate Sector：a Theoretical and Empirical Investigation on the Us Economy：1973—2003* [J]. Cambridge Journal of Economics，2008，32（6）：863-886.

③ Freeman R B. *It's Financialization*！[J]. International Labour Review，2010，149（2）：163-183.

④ Bhaduri A. *A Contribution to the Theory of Financial Fragility and Crisis* [J]. Cambridge Journal of Economics，2011，35（6）：995-1014.

⑤ Palley T I. *Financialization：What It Is and Why It Matters* [Z]. Springer，2013（2）：17-40.

⑥ González I，Sala H. *Investment Crowding-out and Labor Market Effects of Financialization in the US* [J]. Scottish Journal of Political Economy，2014，61（5）：589-613.

⑦ Durán Ortiz. *Financialization：the Aids of Economic System* [J]. Ensayos De Economía，2014，23（44）：55-73.

⑧ 胡奕明，王雪婷，张瑾. 金融资产配置动机："蓄水池"或"替代"？——来自中国上市公司的证据 [J]. 经济研究，2017（1）：181-194.

⑨ 王红建，李茫茫，汤泰劼. 实体企业跨行业套利的驱动因素及其对创新的影响 [J]. 中国工业经济，2016（11）：73-89.

⑩ 宋军，陆旸. 非货币金融资产和经营收益率的 U 形关系——来自我国上市非金融公司的金融化证据 [J]. 金融研究，2015（6）：111-127.

⑪ 韩珣，田光宁，李建军. 非金融企业影子银行化与融资结构——中国上市公司的经验证据 [J]. 国际金融研究，2017，366（10）：44-54.

⑫ 陈东. 私营企业出资人背景、投机性投资与企业绩效 [J]. 管理世界，2015（8）：97-119+187-188.

据,对民营企业出资人背景特征与企业投机性投资战略、企业绩效进行实证研究,认为企业投机性投资战略的调节作用源自企业出资人背景。近几年盈利的冲动导致许多民营企业偏离主业而增加投机性投资。关于后果方面,已有文献分别从企业技术创新、资本投资视角以及经济绩效等视角论证了非金融企业金融化的后果(谢家智等,2014;王红建等,2016;王红建等,2017;许罡和朱卫东,2017)①②③④。

从微观企业层面来看,实体企业金融化所发挥的作用不完全是负面作用。如张军和金煜(2006)⑤ 从金融自由化视角,研究发现金融化改革能够缓解企业外部融资约束,改进企业投资。谢家智等(2014)⑥ 研究认为,过度金融化带来了"制造业空心化"问题,抑制了企业的创新能力。

2.4 文献评述

关于利率市场化的研究,对宏观经济、政策的研究多,宏观—微观结合研究的少;宏观—微观结合研究的微观经济主体多以银行等金融机构为对象,针对实体企业的研究还有待进一步丰富。

---

① 谢家智,王文涛,江源.制造业金融化、政府控制与技术创新[J].经济学动态,2014(11):78-88.
② 王红建,李茫茫,汤泰劼.实体企业跨行业套利的驱动因素及其对创新的影响[J].中国工业经济,2016(11):73-89.
③ 王红建,曹瑜强,杨庆,等.实体企业金融化促进还是抑制了企业创新——基于中国制造业上市公司的经验研究[J].南开管理评论,2017,20(1):155-166.
④ 许罡,朱卫东.金融化方式、市场竞争与研发投资挤占——来自非金融上市公司的经验证据[J].科学学研究,2017,35(5):709-728.
⑤ 张军,金煜.政府间财政改革、金融深化与中国的地区差距:脱落的环节[J].中国社会科学,2006(1):143-159.
⑥ 谢家智,王文涛,江源.制造业金融化、政府控制与技术创新[J].经济学动态,2014(11):78-88.

2.4 文献评述

利率市场化的研究汗牛充栋，国外研究丰富，研究对象大多是单一国家或者跨国样本。随着各发达国家完成本国的利率自由化之后，对其研究并不多，只有在经济危机之后，学者们才重新讨论金融化带来的风险问题。发展中国家或经济转轨国家对其实证研究较多。自1990年代开始，我国由计划经济体制逐步转向社会主义市场经济体制，在此之前的文献都是对实行利率市场化国家和地区的经验的总结与分析，探讨中国利率市场化的可能性、具备条件、实施路径等，之后我国开始了渐进式利率市场化的金融改革，导致理论落后于实践，研究多是基于实践构建理论模型。自2000年左右开始，利率市场化更多从宏观经济、银行视角展开讨论。伴随着中国利率市场化的进程，学术界对国内的利率市场化改革研究不断拓展与丰富。总体上看，从微观企业层面，较少有研究关注中国利率市场化如何影响企业经营、企业投融资行为等问题。

关于实体企业投融资问题的研究，对融资约束、融资环境的研究多，对投资问题研究少。投资问题多集中于影响企业投资决策的因素分析上，对投资效率的关注度不够，对投资结构的问题的关注度更加不足。

已有文献从不同角度验证了利率市场化改革能够改善企业的资源配置情况、融资约束。王东静和张祥建（2007）[①] 利用协方差分析模型，实证了2004年之后放松贷款利率管制，企业融资行为发生改变，中小企业负债增加，融资约束得到缓解。李萍和冯梦黎（2016）[②] 利用合成法测度利率市场化程度，研究了利率市场化有助于经济增长。但现有文献中也存在一个普遍现象，即文献或多以宏观数据为主，或更多关注企业融资行为，而并未深入讨论企业投资行为。传统企业投融资理论认为融资约束会影响企业的投资行为，但并未从利率市场化视角进行剖析。

---

① 王东静，张祥建. 利率市场化、企业融资与金融机构信贷行为研究 [J]. 世界经济，2007（2）：50-59.

② 李萍，冯梦黎. 利率市场化对我国经济增长质量的影响：一个新的解释思路 [J]. 经济评论，2016（2）：74-84，160.

另外，针对"脱实向虚"、"企业金融化"现象，理论分析多，角度、观点均不统一，理论也缺乏实证与经验支持。

综上所述，对于利率市场化如何影响企业投资行为及由此产生的经济后果，目前研究文献较少。因此，本书将对此展开研究，这不但有助于探讨我国实体企业投资行为，特别是企业过多进行金融投资的行为的形成机制，而且对进一步推进我国利率市场化改革乃至整个资本要素市场的改革，以及供给侧改革也具有一定的现实启示。

3 理论分析与制度环境

3.1 基础理论

3.1.1 资源基础理论

资源基础理论认为，企业是各种资源的总和，企业经营所需要的资源多种多样，企业因为各种资源的组合不同或者缺失某些资源造成了企业的差异化，也造成了企业竞争力的差异化。获取资金资本资源的能力被诸多企业纳为战略能力的一种（贾吉明，2017）[1]。纵观古今中外，金融资源不但对各国经济发展起到了关键性的影响，而且在企业生存发展过程中也占有举足轻重的地位。时至今日，金融作为一种战略性资源被充分重视，它具有社会属性，也具有经济属性（白钦先，1998）[2]，企业的发展需要金融资本的支持，企业进行金融投资，则不仅可以获得稳定的资金支持，还将巩固投融资渠道，降低风险。同时，实体企业投资金融，则要求具有金融知识的人才，更加包容的企业文化等，这些都会提高企业资源配置能力，增强企业竞争力。

---

[1] 贾吉明. 保险参股、经济环境与企业投融资［D］. 对外经济贸易大学，2017.

[2] 白钦先. 政策性金融论［J］. 经济学家，1998（3）：80-88.

3.1.2 金融发展理论

1973年，罗纳德·麦金农针对发展中国家提出的"金融抑制"理论，爱德华·肖于同年同样围绕发展中国家提出的"金融深化"理论共同成为金融发展理论的奠基之作。麦金农（1973）研究发现发展中国家的政府通过控制利率来调控宏观经济，导致出现低于市场均衡水平的利率，这种人为管控的利率造成了储蓄少，无法充足供给投资，进一步抑制了宏观国民经济发展；同时研究还发现发展中国家的政府更倾向通过信贷配给歧视，和不同利率政策来干预本国经济发展，这种人为干预经济，导致资金使用效率不如市场配置的高效，同样也抑制了本国经济发展。爱德华·肖（1973）研究发现放松利率管制能够让市场在投资中起到更重要的作用，进而促进经济增长。若利率上升，储蓄增多，资本回报的要求就提高，导致投资将流向更高收益的项目。麦金农和爱德华·肖分别从不同角度分析，但得出的结论却类似：发展中国家的政府干预本国经济运行，政府配置资源使资源无法向市场需求的地方流动，带来了经济分割性、资源配置效率低下等弊端。如果发展中国家希望市场稳固或使本国经济增长，那么就应该进行金融改革，而其中最重要的就是解决利率管制问题。

因此各国在研究金融自由化改革问题时，利率市场化改革自然是最重要的举措，而"金融抑制"和"金融深化"理论也成为其发展的基础理论。管制下的利率致使银行等金融机构有足够且稳定的利差，长期如此，银行等金融机构失去了平衡高收益与高风险之间的能力，倾向于投资安全而放弃高风险高收益的项目，进一步制约了国家创新、企业发展。利率市场化改革之后，稳定的利差被取消，商业银行盈利能力下降，同业竞争增强，这些将迫使商业银行等金融机构转为以客户为主的差异化发展经营思路。银行会根据自身情况提高存款利率，或浮动贷款利率，来保证其投资的收益性，致使用资成本较高的企业谨慎投资，而从事创新活动等高风险高收益的企业也能够通过与银行协商提高贷款利率而获得贷款,抓住投资机会。诸多发展中国家利率管制不仅是一项货币政策,还掺杂着政治因素,例如国有企业因有政府的担保或政府背景更容易以低利率水平获得贷款,导致国有企业过度投资,造成产能过剩。总体来说,实行利率市场化改革,实际利率是由市场供需来决定的,这样既能保证投资,又能提高投资效率,还能优化投资结构,更能使资源的配置效率提高,最终促进全社会经济的增长。

3.1.3 融资约束理论

Modigliani 和 Miller 于 1958 年发表了关于资本结构变化与企业价值无关的研究结论,简称 MM 理论。由于假设条件过于苛刻,两人于 1963 年再次发表论文,在考虑有公司税的前提下,对 MM 理论进行了修正,得出负债越多,越趋于最优资本结构,企业价值就越大的结论。1977 年,Miller 在之前研究基础上增加个人所得税因素,再次对 MM 理论加以修正。原始 MM 理论和修正的 MM 理论实际上分别代表了企业债务配置与企业价值之间的两种极端情况。

为了更加符合实际情况,很多学者尝试使 MM 模型与最优资本结构的均衡理论结合,统称为权衡理论。Stiglitz 等学者尝试将均衡理论与资本结构结合,研究了企业不会选择 100% 负债的,因为负债过多会造成企业破产风险增加,同时筹资成本也会增加。权衡理论认为企业存在一个合理负债比率,若企业找到这样一个负债率,将会使得额外增加的负债所产生的税盾的边际收益与可能存在的财务危机成本相抵消(卢斌和高彬越,2012)[1]。为了找到这个合理负债比例,不同的学者分别考虑财务拮据成本、代理成本、税收节约与破产成本等因素的权衡理论模型,但并未得出统一结论(Deangelo 和 Masulis, 1980; Shyam-Sunder

---

[1] 卢斌,高彬越. 市场择机与目标资本结构对上市公司资本结构的影响——基于中国上市公司的实证研究 [J]. 南方经济, 2012 (1): 39-46.

3 理论分析与制度环境

和 Myers，1999；Brennan 和 Schwartz，1984）①②③。Leary 和 Roberts（2005）④ 在 Fischer 等（1989）⑤ 在考虑交易成本情况下，研究动态资本机构的模型的基础上，进一步验证了企业会根据筹资情况、负债水平等状况动态持续调整负债、筹资行为，甚至是投资行为。

由于信息不对称的存在，企业的融资成本会发生改变，由此产生了融资优序理论。该理论假设除了信息不对称之外，外部金融市场是完全开放的，此时企业内部融资成本低于外部融资成本，因此企业会优先选择内部自有资金来满足融资需求，如果内部资金无法满足时才考虑使用外部资金（于泽等，2015）⑥。而在外部融资资金来源中，债务融资比股权融资所承担成本更小，因此企业会在外部融资时优先选择债务融资，在债务融资无法满足外部资金需求时，才选择股权融资。同时，该理论还认为，外界/投资者可以通过企业从不同融资渠道融资，或采取不同的融资手段、融资方案来对企业的经营动态进行解读与预测。例如企业如果发现一个收益较好的投资项目或投资机会，企业一般不愿意增发新股，让新增股东来瓜分收益，因此投资者常认为企业如果发行新股，实际上是股价已经超出预估，那么不会持续购买该股票，导致企业股价下降，而无法实现预期的融资需求，新投资项目可

---

① Deangelo H, Masulis R W. *Optimal Capital Structure Under Corporate and Personal Taxation* [J]. Journal of Financial Economics, 1980, 8 (1): 3-29.

② Shyam-sunder L, Myers S C. *Testing Static Tradeoff Against Pecking Order Models of Capital Structure* 1 [J]. Journal of Financial Economics, 1999, 51 (2): 219-244.

③ Brennan M J, Schwartz E S. *Optimal Financial Policy and Firm Valuation* [J]. The Journal of Finance, 1984, 39 (3): 593-607.

④ Leary M T, Roberts M R. *Do Firms Rebalance Their Capital Structures?* [J]. The Journal of Finance, 2005, 60 (6): 2575-2619.

⑤ Fischer E O, Heinkel R, Zechner J. *Dynamic Capital Structure Choice: Theory and Tests* [J]. The Journal of Finance, 1989, 44 (1): 19-40.

⑥ 于泽，陆怡舟，王闻达. 货币政策执行模式、金融错配与我国企业投资约束 [J]. 管理世界，2015（9）：52-64.

能无法继续进行。相比之下，债务融资更受企业青睐，企业经营状况越好，债务融资能力越强，企业的资金成本越低，向市场释放的信息将更加积极。

MM 理论认为，在一个完美的且没有摩擦的资本市场中，企业获得资本的成本是一样的，无论是从企业外部还是企业内部获得资本，也与是否征收公司税无关，投资只受投资机会的影响。在 Akerlof（1970）[①]发表 The market for lemons 后，信息不对称的问题进入学者们的视野，他们将信息不对称理论应用于解释实体企业为何拥有较高的融资约束，以及为什么利率市场化是缓解实体企业融资约束的方法。利率管制意味着债权人无法根据收益实际情况而要求更高的利率，进行风险补偿，一方面在信贷配置规模受限的情况下，债权人将信贷配给给收益稳定和低风险企业，长期结果导致中小企业即使提高利率也无法获得融资。而在放松利率管制的过程中，各金融机构从规模、价格、客户服务、信息系统、风险管控等多个方面进行升级改造以增加自身竞争力，应对更加严酷的竞争。而借助业务流程优化、信息技术等高科技等，金融机构升级改造加强了风险的过程把控，缓解了信息不对称问题。

3.1.4 投资理论

Jorgenson 等人参考最初 MM 理论的最优资本结构提出了最优资本存量的概念，认为企业拥有一个最优资本存量，企业动态调整使其实际资本存量向最优资本存量靠拢。企业动态调整资本存量的过程就是企业投资的过程，因此围绕最优资本存量的新古典投资理论成为现代企业投资理论的基础。

---

① Akerlof G. *The Market for Lemons* [J]. Quarterly Journal of Economics, 1970, 84(3): 488-500.

Brainard 和 Tobin（1968）①、Tobin（1969）② 则在新古典投资理论基础上提出了 Tobin-Q 投资理论。Tobin 在凯恩斯的基础上进一步丰富了利率的传导途径，认为利率的变动会改变企业配置股票或者债务资本的行为，即改变了企业的投资支出，最终影响企业的经济产出与企业价值。

随着不完美市场的出现，投资理论也不断发展，其与信息不对称、代理理论的融合，更具有实践性。在现实的资本市场中，当企业选择外部融资时，信息不对称问题就会发生（Myers 和 Majluf，1984）③。不论是债务融资还是股权融资，企业外部的投资者只能通过企业公布或传递出来的信息做出判断，企业内部管理者虽然知道真实的经营情况，但不一定会公布出来。经营情况不好时，企业内部管理者肯定不会主动公布其经营情况，降低企业估值；即使企业面临较好收益的投资项目时，也会因为信息无法完全、及时地传递而可能导致无法融资，或企业要付出更高的成本来获得资金，这些都直接导致企业做出的投资决策不是最优值。企业投资不仅受制于外部融资成本，且被内部现金流（Fazzari 等，1988a）④ 所约束，并且因为代理问题（Bernanke 和 Gertler，1990）⑤ 导致企业外部融资成本高于内部融资成本。企业与管理者特征也将影响企业的投资行为。从企业财务角度看，常依据净现值（NPV）来做出投资决策，理论上企业应该投资于 NPV>0，即净现值大于零的项目。

---

① Brainard W C, Tobin J. *Econometric* [J]. American Economic Review, 1968, 58（2）

② Tobin J. *A General Equilibrium Approach to Monetary Theory* [J]. Journal of Money, Credit and Banking, 1969, 1（1）：15-29.

③ Myers S C, Majluf N S. *Corporate Financing and Investment Decisions When Firms Have Information That Investors Do Not Have* [J]. Journal of Financial Economics, 1984, 13（2）：187-221.

④ Fazzari S M, Hubbard R G, Petersen B C, et al. *Financing Constraints and Corporate Investment* [J]. Brookings Papers on Economic Activity, 1988（1）：141-206.

⑤ Bernanke B, Gertler M. *Financial Fragility and Economic Performance* [J]. The Quarterly Journal of Economics, 1990, 105（1）：87-114.

Myers（1977）①、Myers 和 Majluf（1984）② 提出，企业放弃投资净现值为正（NPV>0）的项目，被称为投资不足。Jensen（1986）③ 认为企业投资净现值为负（NPV<0）的项目，被称为过度投资。投资不足和过度投资均可称为企业的非效率投资。

由于现代企业经常出现所有权与经营权分离的现象，导致现代企业中委托代理会涉及委托人（股东）和代理人（经理）两种不同的利益群体或个人。前者以企业价值最大化为目标，而后者的目标可以是和委托人（股东）保持一致的，也可以是追求个人收益最大化，例如个人收入更多、拥有良好的声誉等。因此委托人（股东）和代理人（经理）之间目标的异同使两者间可能存在利益冲突，从而导致企业经营决策的差异化。假设委托人（股东）和代理人（经理）的利益目标相同，都是为了企业价值最大化时，企业倾向于选择更高风险高收益的项目，因为这些项目若投资失败，债权人将承担大部分成本，而项目投资成功收益将归股东和经理所有，因此股东和经理有动机去进行过度投资。但当企业的资产负债率不断增加，相应的企业破产风险增加时，股东和经理为了避免破产而失去控制权收益，会选择放弃投资机会，产生投资不足。假设委托人（股东）和代理人（经理）的利益目标不同时，若经理希望持有大量自由现金，将倾向于投资净现值为负的项目，从而引发过度投资；若经理希望规避风险、避免过度劳累，将倾向于放弃部分净现值为正的项目，从而引发投资不足。股东通过债务融资引入债权人治理，该行为会缓解股东和经理之间的利益冲突，债权人要求按期支付的利息和本金将减少经理持有的大量自由现金，同时债权人对债务的监控

---

① Myers S C. *Determinants of Corporate Borrowing* [J]. Journal of Financial Economics，1977，5（2）：147-175.

② Myers S C, Majluf N S. *Corporate Financing and Investment Decisions When Firms Have Information That Investors Do Not Have* [J]. Journal of Financial Economics，1984，13（2）：187-221.

③ Jensen M C. *Agency Costs of Free Cash Flow，Corporate Finance，and Takeovers* [J]. The American Economic Review，1986，76（2）：323-329.

与风险管理均将抑制企业的过度投资。

资金提供者常会通过提高利率、限制信贷配置等手段来降低或防止道德风险的发生，导致企业的外部融资成本高于内部融资成本，会催生企业的投资不足。随着不完美市场条件的出现，学者们对理性经济人的假设条件也逐渐放宽，将企业管理者的个人个性、情绪、背景经历等异质性也纳入投资行为分析之中。

3.2 利率变化对企业投融资行为影响的机理分析

利率变化对企业产生的影响既可以通过利率传导渠道直接影响企业的用资成本，又可以通过信贷渠道来改变企业的融资约束程度。同时企业投资决策会带来融资需求，而投资由于受融资的约束，最终投融资行为会影响企业价值。我国实体企业普遍通过以银行信贷为主的债务融资方式来进行融资，因此考虑企业融资行为时，需要着重考虑企业债务问题。利率市场化对企业投融资行为影响的机理见图3-1。

3.2.1 资本使用成本传导机制

利率变化首先直接体现在企业融资成本上。企业融资成本与利率正向相关。根据融资优序理论，内部融资与外部融资的资本使用成本不同，内部资金比外部资金的成本低，因为外部资金使用需要支付风险溢价。由于现实市场中金融市场摩擦无法避免，企业融资时面临的交易成本、信息成本、搜寻成本等约束，导致外部融资成本上升。企业进行投资决策时，将会综合考虑投资机会、融资约束、用资成本等问题。

若利率上升，企业支付利息增加，内部可用资本减少；同时企业风险溢价增加，外部资金使用成本上升。此时企业通过更改持有现金等流

3.2 利率变化对企业投融资行为影响的机理分析

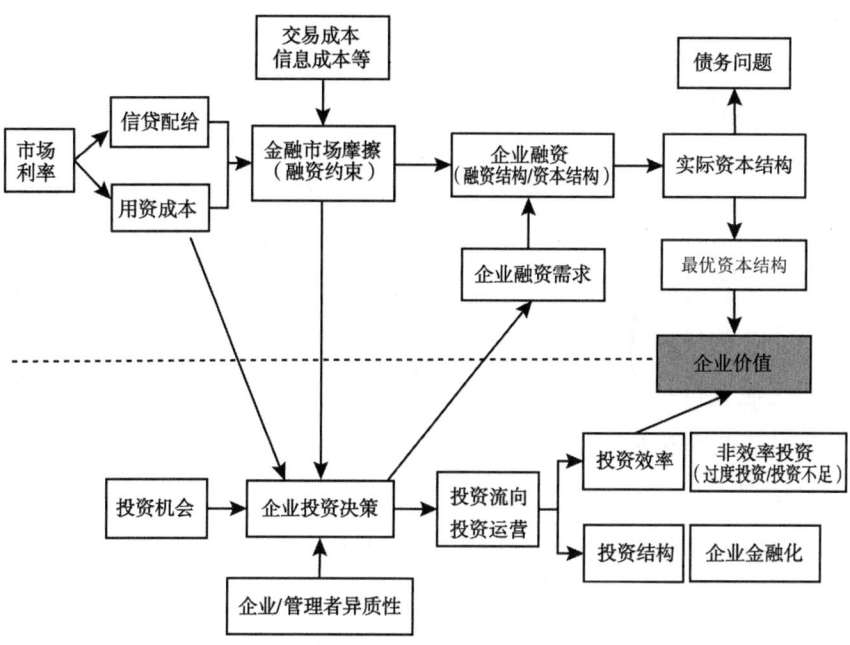

图 3-1 利率市场化对企业投融资行为影响的机理示意图

动性资产组合来改善其投资效率（陆正飞等，2009）[1]，企业会增加持有现金等流动性资产来应对利率上升所带来的外部资金使用成本上升的问题（Almeida 和 Campello，2004）[2]。

若利率下降，通过信贷渠道，企业支付的利息减少，内部可用资本增加；同时企业风险溢价减少，外部资金使用成本下降。如果企业资金全部来源于内部自有资金，则只是内部用资资本增加。如果企业融资资金既包含内部自有资金又包含外部资金时，企业内部可用资本增加，外部资金使用成本下降。由于利率通过信贷渠道时存在放大作

---

[1] 陆正飞，祝继高，樊铮. 银根紧缩、信贷歧视与民营上市公司投资者利益损失 [J]. 金融研究，2009，350（8）：124-136.

[2] Almeida H, Campello M. *The Cash Flow Sensitivity of Cash* [J]. The Journal of Finance, 2004, 59（4）：1777-1804.

用，外部资金使用成本下降给企业带来的效益会比仅内部融资的企业大得多。

3.2.2 信贷配给机制

货币政策除了直接影响企业的用资成本的利率传导渠道外，还能通过影响信贷配给影响企业的投资行为（靳庆鲁等，2012）①。信贷配给是指在管制利率时期，信贷市场上贷款供不应求，常表现为不是所有企业的贷款要求能实现，未贷款成功的企业即使愿意支付更高利率也无法获得贷款，或者不完全实现贷款要求。信贷配给现象不只是短期的不均衡调整所带来的暂时结果，几乎是长期存在于我国的贷款市场中。

债权人（银行等金融机构）与贷款人（企业）之间存在信息不对称，即银行无法正确评估企业需要贷款项目的实际情况。债权人虽然对贷款人（企业）所处行业、市场、财务、法律、人力资源等多方面进行尽职调查可直接或间接消除信息不对称带来的问题，但无法从根本上消除，因此银行等金融机构采用信用评价体系来甄别客户，或银行对所有客户的贷款金额都加以限制来降低企业违约风险。银行无论是基于信用评价体系，还是给予部分客户利率调整的前提都是按客户的担保品、担保人和企业估值来决定，这就导致了信贷配给的普遍性。

若处于利率上升、信贷配额缩减、信贷配给问题加重时期，一方面，企业会通过提高会计信息质量和增大信息披露程度来向市场、金融机构传递积极信息，也缓解了企业与外部投资者之间的信息不对称问题，缓解企业融资约束。已有研究表明，在利率上升时，公司会提高会计稳健性，提高会计信息质量，有助于银行等金融机构识别其经营状况

---

① 靳庆鲁，孔祥，侯青川．货币政策、民营企业投资效率与公司期权价值[J]．经济研究，2012（5）：97-107.

(李青原，2009；饶品贵和姜国华，2011)①②。另一方面，企业经理在投资决策中的逆向选择行为得到一定程度的抑制。企业失去投资机会的风险增加，因此会激励企业经理及时抓住投资机会进行投资，降低投资不足的可能性，抑制非效率投资，从而提高投资效率（饶品贵和姜国华，2013）③。

若处于利率下降、信贷配额扩大、信贷配给问题缓解时期，企业投资可能会增加。一方面在同等规模的国有企业和非国有企业面前，银行等金融机构倾向于给国有企业贷款，因此国有企业在资金充沛时，会出现过度投资的行为。而民营企业却因为信贷歧视而产生投资不足，整体体现的是信贷资源在不同产权属性的企业间出现错配。另一方面资源配置出现偏差是由于信息不对称和道德问题产生的。如企业以A投资项目进行了借贷，却因为银行等金融机构无法追踪该笔贷款使用，企业于是将该笔贷款用于了B投资项目，或者采取短贷长投的方法，改变了贷款用途（陆正飞等，2009；叶康涛和祝继高，2009）④⑤。

3.2.3 债务治理机制

债务融资成为公司治理的一种有效手段（Jensen，1986；Harris 和

---

① 李青原．会计信息质量、审计监督与公司投资效率——来自我国上市公司的经验证据［J］．审计研究，2009（4）：51，65-73．

② 饶品贵，姜国华．货币政策波动、银行信贷与会计稳健性［J］．金融研究，2011（3）：51-71．

③ 饶品贵，姜国华．货币政策、信贷资源配置与企业业绩［J］．管理世界，2013（3）：12-22，47，187．

④ 陆正飞，祝继高，樊铮．银根紧缩、信贷歧视与民营上市公司投资者利益损失［J］．金融研究，2009，350（8）：124-136．

⑤ 叶康涛，祝继高．银根紧缩与信贷资源配置［J］．管理世界，2009（1）：22-28，188．

Raviv, 1990, Hart 和 Moore, 1998)①②③, 在股东与经理的利益目标不一致时, 企业常引入债务融资来抑制经理与股东利益目标偏离的情况。

利率上升能够促进债务治理作用。由于信贷配给的存在, 利率上升, 作为债权人的银行对贷款人（企业）的选择有更大的空间, 而企业更加迫切希望降低融资成本（饶品贵和姜国华, 2011)④。债务所需支付的本金和利息一方面直接减少了经理可管控的自由现金量以及相应资源, 这会促使经理在进行投资决策时减少过度投资行为。另一方面利率上升期间, 若获得新债务, 则企业资产负债率增加, 后续将更难获得新债务来偿还已有的债务, 增加了经理因经营不善致使企业破产被清算的风险。为应对此状况股东会加强对经理行为的监督与管控, 而经理会担心出现因破产威胁效应带来的企业控制权被夺走（刘淑莲和周雪峰, 2011)⑤, 影响业界品牌或个人名誉等后果, 约束个人逐利行为, 也就是抑制了在职消费等非效率投资的发生。极端情况下, 较高的债务水平会让银行觉得企业风险过高, 终止贷款, 这样债务增多到一定程度, 成为债务积压时, 不会产生过度投资, 而是出现投资不足, 但最终也制约企业的增长（Myers, 1977; Zingales,

---

① Jensen M C. *Agency Costs of Free Cash Flow, Corporate Finance, and Takeovers* [J]. The American Economic Review, 1986, 76 (2): 323-329.

② Harris M, Raviv A. *Capital Structure and the Informational Role of Debt* [J]. The Journal of Finance, 1990, 45 (2): 321-349.

③ Hart O, Moore J. *Default and Renegotiation: a Dynamic Model of Debt* [J]. The Quarterly Journal of Economics, 1998, 113 (1): 1-41.

④ 饶品贵, 姜国华. 货币政策波动、银行信贷与会计稳健性 [J]. 金融研究, 2011 (3): 51-71.

⑤ 刘淑莲, 周雪峰. 产权性质、债务融资与破产威胁效应——来自中国上市公司的经验证据 [J]. 财贸研究, 2011, 22 (5): 99-108.

3.2 利率变化对企业投融资行为影响的机理分析

1998；Bougheas 等，2006）①②③。

利率下降可以提供更加充足的外部融资来源，缓解企业的融资约束，但对于企业投资行为的影响不尽相同。如果企业面临较好的投资机会时，增加的外部融资来源能扩充企业的投资规模，提高投资效率（靳庆鲁等，2012；黄志忠和谢军，2013）④⑤。如果企业面临投资机会较少时，企业充足的资金将无法正常使用，出现冗余资本。再者股东与经理之间的利益冲突，会导致经理将多余资金投向盈利能力较差或者净现值（NPV）为负的投资项目中，造成企业过度投资，降低公司投资效率（靳庆鲁等，2012）⑥。

综上所述，利率变动通过改变资本使用成本和信贷配给量影响企业的融资环境，影响企业信贷资源配置决策。企业的信贷资源配置决策又是作为企业投资决策重要的一部分而得到加强，进一步因为委托代理问题、信息不对称问题的存在，通过债务治理机制对非效率投资起到了约束作用。

---

① Myers S C. *Determinants of Corporate Borrowing* [J]. Journal of Financial Economics，1977，5（2）：147-175.

② Zingales L. *Survival of the Fittest Or the Fattest？ Exit and Financing in the Trucking Industry* [J]. The Journal of Finance，1998，53（3）：905-938.

③ Bougheas S，Mizen P，Yalcin C. *Access to External Finance：Theory and Evidence on the Impact of Monetary Policy and Firm-specific Characteristics* [J]. Journal of Banking & Finance，2006，30（1）：199-227.

④ 靳庆鲁，孔祥，侯青川. 货币政策、民营企业投资效率与公司期权价值 [J]. 经济研究，2012（5）：97-107.

⑤ 黄志忠，谢军. 宏观货币政策、区域金融发展和企业融资约束——货币政策传导机制的微观证据 [J]. 会计研究，2013（1）：63-69，96.

⑥ 靳庆鲁，孔祥，侯青川. 货币政策、民营企业投资效率与公司期权价值 [J]. 经济研究，2012（5）：97-107.

3.3 我国制度环境

3.3.1 经济转轨与制度转型

一国政治、经济、社会制度的发展状况可以简称为制度环境。在管理学中,制度环境不仅包含企业外部的国家或地区的制度环境,还包括企业自身的组织结构、特许经营、战略联盟等制度。制度环境影响着企业的战略制定,保障了企业的战略的执行与绩效。本节主要借鉴的理论有以诺斯为代表的新制度经济学和以斯科为代表的组织社会学的制度理论。学者们逐渐认可政治、经济、科技等发生巨大改变时,企业为了生存发展,必然随之发生改变。因此现代企业理论中,市场配置资源的作用毋庸置疑,但不能忽视制度环境对企业行为带来的影响。经济体制转型是我国30多年高速发展的原因之一。我国企业所处的制度环境是中国情境下企业管理研究不可忽视的部分。

改革开放初期,我国出现了几大明显的转变:一是由计划经济体制逐渐转向市场经济体制;二是由卖方市场逐渐转向买方市场;三是经济增长方式逐渐从粗放型转向集约型,经济增长逐渐从单一追求规模、速度逐渐转向追求效益、质量。经济的转轨和制度转型并非一蹴而就,许多计划经济、粗放型增长留下的痕迹还广泛存在,甚至还在起着作用。进入21世纪,中国的制度环境在不断改革的过程中逐渐优化,但还有许多具有中国特色的地方:一是资源要素并未完全市场化,土地、资金、劳动力等生产要素仍受到政府的控制,造成资源无法自由流动,资源配置不平衡。二是各级政府的业绩、财政状况、官员政绩是与国内生产总值(GDP)的增长挂钩。三是法制、社会等环境还有进一步的优化空间,企业经营追求短期利益,对于自主创新的意识还比较薄弱。

3.3.2 市场化水平

市场化改革是伴随着计划经济体制转变为市场经济体制，政府职能、资源配置方式等一系列制度与机制的改变而发生的（唐雪松等，2010）①。企业管理研究中对于制度的衡量主要通过对一国或地区经济、社会、环境、法律的发展指标进行综合评价。我国常见的制度评价指标是由樊纲等人编写的市场化指数，该指数对我国各省区的市场化水平进行综合评分。樊纲等（2001）认为所谓市场化水平是对我国经济体制改革进程的衡量，我国经济体制改革不是对某项政策规章效果的衡量，也不是对单一经济指标的衡量，应该有一套包含对政府体制、市场机制、经济增长、法律制度等综合衡量的体系②。《中国分省份市场化指数报告（2016）》中市场化指数由政府与市场的关系、非国有经济的发展、产品市场的发育程度、要素市场的发育程度、市场中介组织的发育和法制环境五个方面指标组成，但由于数据部分没有更新，报告在最先设定的市场化指标体系的基础上作了相应调整。

政府与市场的关系方面指标包含三个分项指数：市场分配资源的比重、减少政府对企业的干预、缩小政府规模；

非国有经济的发展方面指标包含三个分项指数：非国有经济在工业企业产品销售收入中所占比例、在全社会固定资产总投资中所占比例、就业人数占城镇总就业人数的比例；

产品市场的发育程度方面指标包含两个分项指数：价格由市场决定的程度、减少商品市场上的地方保护；

要素市场的发育程度方面指标包含三个分项指数：金融业的市场化、人力资本供应情况、技术成果市场化；

---

① 唐雪松，周晓苏，马如静. 政府干预、GDP 增长与地方国企过度投资 [J]. 金融研究，2010（8）：33-48.

② 樊纲，王小鲁，张立文. 中国各地区市场化进程 2000 年报告 [J]. 国家行政学院学报，2001（3）：18-28.

市场中介组织的发育和法制环境方面指标包含三个分项指数：市场中介组织的发育、维护市场的法制环境、知识产权保护。

市场化水平越高，表示市场发育程度越好，也就表示政府越少干预企业经营活动。但是由于我国幅员辽阔，资源禀赋、地域环境、经济发展、社会发展等多方面存在差异，各省市的市场化水平自然也不尽相同。在市场化水平较高的地区，商业银行等金融机构较少受到政府的行政干预，经营拥有更多的自主权，面临的竞争也更加激烈。此时市场化不仅使金融机构加强对企业贷款发放的审核与监管，通过动态调整、差异化对待来平衡收益与风险；还有助于改善企业的融资环境，让债务治理在企业治理中发挥更大的作用；最终还会提高整个社会的资本配置效率。Zingales（1998）[1] 将企业融资细化为关系型融资和市场型融资。研究发现市场化水平较低地区，关系型融资占优，企业所有权性质对企业会计信息质量、债务治理的作用更加显著。而市场化水平较高地区，市场型融资更加有利于改善信息不对称的问题，优化企业融资环境，提高企业资金配置效率。随着市场化水平提高，债务治理绩效也随之提升（夏立军和方轶强，2005；孙铮，2005；孙铮，2006；田侃，2010）[2][3][4][5]。

企业的融资环境和行为受到所处地区的市场化水平的影响，投资行为自然也发生改变，最终影响企业价值与企业资源配置的效率。政府的干预和市场功能不完善导致企业不正当竞争，无法遵循一般企业发展规

---

[1] Zingales L. *Survival of the Fittest or the Fattest? Exit and Financing in the Trucking Industry* [J]. The Journal of Finance, 1998, 53（3）：905-938.

[2] 夏立军，方轶强．政府控制、治理环境与公司价值——来自中国证券市场的经验证据 [J]．经济研究，2005（5）：40-51．

[3] 孙铮．债务、公司治理与会计稳健性 [J]．中国会计与财务研究，2005（2）：112-173．

[4] 孙铮．所有权性质、会计信息与债务契约——来自我国上市公司的经验证据 [J]．管理世界，2006（10）：100-107．

[5] 田侃．"次优"债务契约的治理绩效研究 [J]．经济研究，2010（8）：90-102．

律而发展,从而影响企业的声誉。在市场化水平越低的地区,受到经济增长、政绩要求等因素的影响,政府对不同的企业干预的动机越强烈,导致该地区国有企业过度投资、非国有企业投资不足等问题更加严重,造成企业价值越低(夏立军和方轶强,2005;唐雪松等,2010)①②。

3.3.3 产权制度

我国经济转轨与制度转型过程中,显著经济特征就是国有企业与非国有企业之间存在差异,这种差异影响着企业的经营决策。例如张敏等(2010)发现盈利的国有企业投资比亏损企业投资更为激进,而非国有企业则相反③。解陆一(2013)发现,在我国特殊的制度背景情况下,在无银行贷款支持的前提下,企业普遍存在投资不足的现象。但一旦向银行借贷时,国有银行倾向给国有企业进行贷款,造成国有企业过度投资现象频生④。饶品贵和姜国华(2013)认为,非国有企业的经营效益和投资效率更高,但却无法从正规的金融渠道获得足够的信贷资金⑤。

国有企业与非国有企业之间的差异一部分是由于预算软约束,另一部分是由于政府干预。处于转型经济时期的国有企业实际上拥有双重属性,一方面进行了所有权与经营权分离,具有参与市场化竞争的市场经济属性,但另一方面却依旧承担着当地就业、公共物品等社会性责任,具有计划经济属性。同时,转型经济带来的以在维护社会稳定的情况下追求经济增长为政绩考核和个人晋升依据,进一步强化了地方政府通过

---

① 夏立军,方轶强. 政府控制、治理环境与公司价值——来自中国证券市场的经验证据[J]. 经济研究,2005(5):40-51.
② 唐雪松,周晓苏,马如静. 政府干预、GDP 增长与地方国企过度投资[J]. 金融研究,2010(8):33-48.
③ 张敏. 国有股权、公司业绩与投资行为[J]. 金融研究,2010(12):115-130.
④ 解陆一. 银行贷款对公司投资效率的影响[J]. 投资研究,2013(12):3-16.
⑤ 饶品贵,姜国华. 货币政策、信贷资源配置与企业业绩[J]. 管理世界,2013(3):12-22,47,187.

对企业或项目提供各种优惠、补贴和政策性贷款等方式扶持国有经济发展（Kornai，1986；林毅夫和李志赟，2004）①②。

由于预算软约束的存在，一方面出于追求好的政绩，个人晋升机会的目的，另一方面就算遇到经营绩效低下却有政府托底扶持的保障，因此国有企业的经营者会更倾向于选择风险小、期限短、能在任期内带来回报和规模的项目进行投资，而放弃企业价值最大化和经营高效率目标，长此以往必然导致国有企业经营效率低下，企业价值提升难（Dewatripont 和 Legros，2005；Maskin，1999；林毅夫，2007；王永钦，2015）③④⑤⑥。再者，政府没有相应的机制来监管或限制国有企业的非效率投资，更加助长了国有企业的经理一味追求投资量的增长，而忽略非效率投资带来的效益低下和侵占非国有企业的资源问题（解陆一，2013）⑦。理论研究方面，学者们认为预算软约束导致国有企业代理成本较高。国有企业是全民所有，国有企业经营者（经理人）是政府委任，授权行驶经营职责，不拥有国有企业所有权。在所有权和控制权分离的情况下，国有企业效率低下体现在经营者根据个人喜好进行经营决策、过度投资、在职消费、帝国建立等（林毅夫和李志赟，2004；陈

---

① Kornai J. *The Soft Budget Constraint* [J]. Kyklos, 1986, 39 (1): 3-30.
② 林毅夫，李志赟. 政策性负担、道德风险与预算软约束 [J]. 经济研究, 2004 (2): 17-27.
③ Dewatripont M, Legros P. *Public-private Partnerships: Contract Design and Risk Transfer* [J]. Eib Papers, 2005, 10 (1): 120-145.
④ Maskin E S. *Recent Theoretical Work on the Soft Budget Constraint* [J]. American Economic Review, 1999, 89 (2): 421-425.
⑤ 林毅夫. 论我国经济增长方式的转换 [J]. 管理世界, 2007 (11): 5-13.
⑥ 王永钦. 财政分权下的地方政府债券设计：不同发行方式与最优信息准确度 [J]. 经济研究, 2015 (11): 65-78.
⑦ 解陆一. 银行贷款对公司投资效率的影响 [J]. 投资研究, 2013 (12): 3-16.

冬华等，2005a，2005b；马君潞等，2008)①②③。

自计划经济时期开始，我国银行、金融系统就受政府管控，因此金融系统的政府色彩浓重。国有企业和银行（国有银行是我国银行体系的主要组成部分）等金融机构有天然的关系纽带而成为银行的宠儿。国有商业银行在贷款等方面对国有企业偏爱导致民营企业面临较为严重的信贷歧视（卢峰和姚洋，2004；陆正飞等，2009)④⑤。因为有政府的隐性担保，国有企业债务违约风险更低，或出于政治目的，国有商业银行会为国有企业优先提供债务融资，即使该国有企业经营效率低下甚至亏损。国有企业更容易并以更低成本筹集到资金，这会导致债务治理作用在国有企业中常常失效，代理问题更加严重，也会助长管理者低效率地应用和管理资金。从整个社会角度来看，信贷资源持续流向低效率公司进一步加强了微观层面的软预算约束、跨企业的资源错配、信贷歧视等问题（Dewatripont 和 Tirole，1994；林毅夫和李志赟，2004；简泽，2013)⑥⑦⑧。

---

① 林毅夫，李志赟. 政策性负担、道德风险与预算软约束［J］. 经济研究，2004，(2)：17-27.

② 陈冬华. 国有企业中的薪酬管制与在职消费［J］. 经济研究，2005 (2)：92-101.

③ 马君潞. 双重代理成本与债务治理机制的有效性——来自我国上市公司的证据（1998—2006）［J］. 当代经济科学，2008，30 (3)：92-100.

④ 卢峰，姚洋. 金融压抑下的法治、金融发展和经济增长［J］. 中国社会科学，2004 (1)：42-55.

⑤ 陆正飞，祝继高，樊铮. 银根紧缩、信贷歧视与民营上市公司投资者利益损失［J］. 金融研究，2009，350 (8)：124-136.

⑥ Dewatripont M, Tirole J. *A Theory of Debt and Equity: Diversity of Securities and Manager-shareholder Congruence* [J]. The Quarterly Journal of Economics，1994，109 (4)：1027-1054.

⑦ 林毅夫，李志赟. 政策性负担、道德风险与预算软约束［J］. 经济研究，2004，(2)：17-27.

⑧ 简泽. 银行部门的市场化、信贷配置与工业重构［J］. 经济研究，2013 (5)：112-127.

3.3.4 利率双轨制

所谓利率双轨制是指以银行贷款为主的正规金融资源大多流入国有企业，非国有企业不得不从非正规金融市场上寻求资源，并为之付出高于正常利率水平的融资成本（Ferri 和 Liu，2010；Cull 等，2015）①②。中国经济转轨与制度转型时期，让国有企业拥有了双重属性。在维持经济与社会稳定方面需要保留国有企业，促进经济增长又需要加快非国有企业的成长。但总体目标上，是维持经济和社会的稳定，因此对于国有企业与非国有企业之间的双轨制改革策略，予以区别对待。政府通过干预土地、资金的分配来支持国有企业的持续运行，自然产生了中国的金融双轨制。政府通过利率管制造成资金的供不应求，以银行为主体的正规金融市场中信贷配给、信贷歧视随之而生，以保障国有企业运营的资金需求（何东和王红林，2011）③。在改革开放初期，非国有企业并不发达时，政府干预保持经济稳定的做法并无问题，但随着非国有经济的不断发展，仅靠内部资金、财富积累等渠道无法满足非国有企业发展需求，非国有企业转向金融市场融资时，出现了产权歧视。同等规模条件下，银行更倾向于贷款给国有企业；对于非国有企业，银行更倾向于贷款给大规模的企业，造成大部分中小型非国有企业无法在银行为主的正规金融市场获得资金。

一方面预算软约束和政府干预带来信贷歧视，另一方面政府追求经济增长需要发展非国有经济带来非国有企业融资需求旺盛，被动催生非

---

① Ferri G, Liu L. *Honor Thy Creditors Beforan Thy Shareholders: Are the Profits of Chinese State-owned Enterprises Real?* [J]. Asian Economic Papers, 2010, 9 (3): 50-71.

② Cull R, Li W, Sun B, et al. *Government Connections and Financial Constraints: Evidence From a Large Representative Sample of Chinese Firms* [J]. Journal of Corporate Finance, 2015 (32): 271-294.

③ 何东, 王红林. 利率双轨制与中国货币政策实施 [J]. 金融研究, 2011 (12): 1-18.

正规金融市场的出现（Allen 等，2005）[①]。而在非正规金融市场上，资金的价格——利率是完全由供需双方自主确定的，即完全市场化的利率。在正规金融市场中，银行等金融机构设置了严格的审查机制和一刀切的客户对待标准，即使资金在正规金融市场上过剩，许多民营企业和中小企业还是无法从正规市场上获得资金。这些原本属于正规金融市场的资金需求无法得到满足，而推高了非金融市场上资金的价格，造成了正规金融市场与非正规金融市场利率水平存在差异，也就是所谓的利率双轨，且非正规金融市场上的利率水平比正规金融市场上的高出许多。在正规金融市场上，国有企业、大企业优先获得了资金资源后，和银行一起通过"影子银行""民间高利贷"等非正规金融渠道，再作为债权人放贷给中小企业，以赚取两个金融市场上的利率差。正是由于有这种现象的出现，进一步加重了正规金融市场上的信贷歧视，造成了非正规金融市场的利率高涨。

3.4 利率市场化进程

根据信用主体关系的不同，我国的利率体系包含三大部分：商业银行与企业（居民）的利率、货币市场与债券利率和中央银行利率。商业银行与企业（居民）利率主要涉及人民币贷款利率、人民币存款利率、外币存贷款利率、城乡信用社存贷款利率。

货币市场与债券利率包含银行同业拆借利率、银行间国债回购利率、交易所国债回购利率、国债利率、企业债券利率和同业票据利率。中央银行利率包括再贷款利率、再贴现利率、存款准备金利率、超额存款准备金利率、央行票据利率等。详见图3-2。

[①] Allen F, Qian J, Qian M. *Law, Finance, and Economic Growth in China* [J]. Journal of Financial Economics, 2005, 77 (1): 57-116.

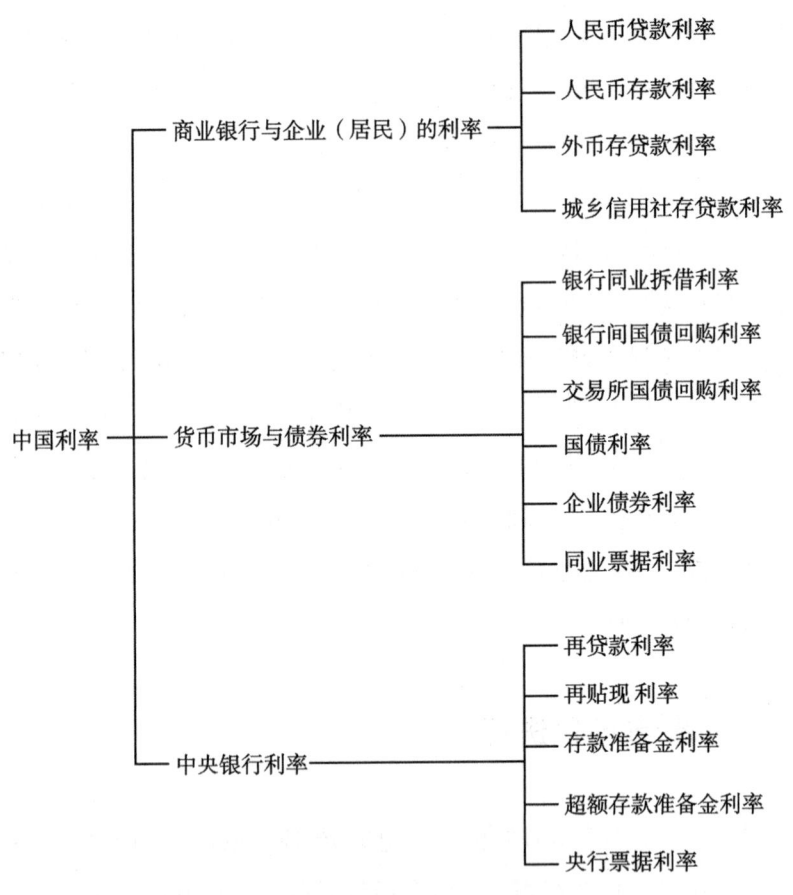

图 3-2 我国利率体系示意图

资料来源：作者整理绘制

1993年，《关于金融体制改革的决定》明确了我国建立由市场资金供求决定各种利率水平的市场利率体系的市场利率管理体系的长远目标，其中市场资金供求状况是我国利率改革的基础，利率市场化意味着央行从直接管控利率到通过设置"基准利率"进行间接调控。由于信用关系的差异，利率市场化改革主要涉及的是货币市场与债券利率的市场化、商业银行与企业（居民）的利率市场化，因此我国的利率市场化改革主要是逐步放开货币市场与债券利率、商业银行与企业（居民）的利率管制。其中商业银行与企业（居民）利率的实质是存贷款利率，是我国利率体系的基础，存贷款利率市场化也将是影响面最广的一个系统工程，因此不能贸然进行改革，因此我国采取先易后难，先将货币市场与债券利率市场化，再将存贷款利率市场化。表 3-1 列出了我国利率市场化改革的大事件和重要事件节点。

表 3-1　　　　　　　　我国利率市场化进程大事件

时间	类别	种类	关键事件
1996.1	货币市场与债券市场		全国统一同业拆借市场，CHIBOR 建立
1996.6	货币市场与债券市场		放开管制银行间同业拆借市场利率
1997.6	货币市场与债券市场		放开管制银行间债券市场债券回购、现券交易利率；全国银行间债券市场建立
1998	存贷款利率	本币贷款	金融机构对小企业贷款利率浮动上限由基准利率 1.1 倍扩大为 1.2 倍
1998	存贷款利率	本币贷款	农村信用社贷款利率浮动上限为基准利率的 1.5 倍
1998.3	货币市场与债券市场		放开贴现和转贴现率管制
1998	货币市场与债券市场		放开政策性金融债的利率管制
1999	货币市场与债券市场		国债采取利率招标发行
1999.10	存贷款利率	本币存款	放开管制保险公司大额定期存款利率
1999	存贷款利率	本币贷款	贷款利率上限为基准利率 1.3 倍（县以下金融机构、中小企业）

续表

时间	类别	种类	关键事件
2000.9	存贷款利率	外币	放开管制300万美元以上大额外币存款利率
2002	存贷款利率	本币贷款	城乡信用社贷款利率浮动幅度扩大
2002.3	存贷款利率	外币	统一管理外币存款利率
2003.7	存贷款利率	外币	放开管制英镑、瑞士法郎、加拿大元外币小额存款利率
2003.11	存贷款利率	外币	仅管制美元、日元、港元和欧元的小额存款利率，实行利率上限
2004.1	存贷款利率	本币贷款	贷款利率下限为基准利率的0.9倍；商业银行、城市信用社贷款利率上限为基准利率的1.7倍，农村信用社贷款利率上限为基准利率的2倍
2004.10	存贷款利率	本币贷款	放开管制人民币贷款利率上限
2004.10	存贷款利率	本币存款	放开管制人民币存款利率下限
2004.11	存贷款利率	外币	放开2年期300万美元以下外币存款利率管制
2005.9	存贷款利率	本币存款	除特定6种存款外，商业银行自主定价
2006.8	存贷款利率	本币贷款	商业性个人住房贷款利率下限由基准利率0.9倍改为0.85倍
2006.9	同业拆放利率		发布了《上海银行间同业拆放利率（Shibor）实施准则》
2007.1	同业拆放利率		Shibor正式运行，为金融市场提供1年以内产品的定价基准
2008.10	存贷款利率	本币贷款	商业性个人住房贷款利率下限由基准利率0.85倍改为0.7倍
2008.12	存贷款利率	外币	国有商业银行对外币小额存款利率自主定价

续表

时间	类别	种类	关键事件
2012.6	存贷款利率	本币存款	存款利率上限扩大为基准利率1.1倍
2012.6	存贷款利率	本币贷款	贷款利率下限由基准利率的0.9倍降为0.8倍
2012.7	存贷款利率	本币贷款	贷款利率下限再次下降为基准利率的0.7倍
2013.7	存贷款利率	本币贷款	放开管制贷款利率下限
2013.7	存贷款利率	本币贷款	放开管制农村信用社贷款利率上限
2013.7	货币市场与债券市场		放开贴现利率管制
2013.10	存贷款利率	本币贷款	贷款基础利率集中报价和发布机制正式运行
2013.12	货币市场与债券市场		票据市场、同业存单放开管制
2014.3	存贷款利率	外币	放开中国（上海）自由贸易试验区小额外币存款利率上限
2015.5	存贷款利率	外币	在全国范围内放开小额外币存款利率上限
2015.6	货币市场与债券市场		对境外人民币放开了银行间债券回购交易管制
2015.10	存贷款利率	本币存款	放开人民币存款利率上限管制
2016.6	货币市场与债券市场		中国人民银行通过官方网站发布中国国债收益率曲线
2019.8	存贷款利率	本币贷款	决定改革完善贷款市场报价利率（LPR）形成机制

资料来源：作者根据中国人民银行等发布的公开信息整理。

我国利率市场化改革先从货币市场、债券利率开始，以1996年银行间同业拆借市场利率市场化为起点。1999年国债发行实现招标形式，标志债券市场的利率市场化基本完成。2000年之前主要侧重货币市场与债券利率的市场化改革。2000年之后侧重商业银行与企业（居民）的利率市场化改革。人民银行按照"先外币、后本币，先贷款、后存款，存款先大额长期、后小额短期"的基本步骤，逐步放开管制。

外币存贷款利率：2000年之前，各种外币存贷款利率由中国人民银行授权中国银行决定。2003年仅对四种外币存款利率上限管制，其余全放开。2008年国有商业银行对外币小额存款利率下限实现自主定价，2014年上海自贸区放开小额外币存款利率上限管制。

本币贷款利率：我国自1983年开始实行贷款利率区间，1998年为应对亚洲金融危机，逐渐上调对企业的贷款利率上限。2004年完全放开人民币贷款利率上限的管制。之后逐步下调企业、居民贷款利率下限，于2013年完全放开人民币贷款利率下限的管制，本币贷款利率市场化完成。

本币存款利率：1999年开始逐步放开金融机构间的存款利率、保险公司大额存款利率。同业存款利率取得突破后，2004年放开人民币存款利率下限，最终于2015年10月对人民币存款利率放开上限管制。此举标志着我国利率市场化改革在制度层面上得以完成，但并不意味着利率市场化改革的结束，而是进入到深水期。

4 利率市场化对实体企业融资决策的影响

4.1 问题的提出

在经济下行与产能过剩的双重压力下,我国经济杠杆风险日益凸显。据中国社科院与国家金融与发展实验室联合发布的中国国家资产负债表统计显示,截至 2015 年底,我国全社会债务总额达 168.48 万亿元,而全社会杠杆率高达 249%。从债务结构上来看,非金融企业杠杆问题最为突出,其负债率高达 131%,如果考虑融资平台的债务,那么非金融企业负债率高达 156%。杠杆率一直维持在高水平会引发一系列的问题,如增加企业债务成本,进一步加大企业破产风险、弱化企业投资能力、造成银行不良资产激增和诱发债务风险传递的多米诺效应。特别是在我国要素市场改革相对滞后,以利率为代表的资本要素价格机制并没有完全形成,信贷资源存在严重错配的情况下,高负债率将导致产能过剩与杠杆风险的进一步加剧。

为解决高杠杆率风险问题,党中央、国务院把"去杠杆"明确列为供给侧结构性改革"三去一降一补"的五大任务之一。2016 年 10 月 10 日,国务院发布的第 54 号文件《国务院关于积极稳妥降低企业杠杆率的意见》提出"去杠杆"的总体思路:坚持积极的财政政策和稳健的货币政策取向,以市场化、法治化方式,通过推进兼并重组、完善现代企业制度强化自我约束、盘活存量资产、优化债务结构、有序开展市场化银行债权转股权、依法破产、发展股权融资，积极稳妥降低企业杠杆率①，以助推给侧结构性改革、国有企业改革深化以及经济转型升级和优化布局，为经济长期持续健康发展夯实基础，并将"落实和完善降杠杆财税金融支持政策"作为重要任务。

根据金融抑制理论，在利率管制与信贷歧视的条件下，由于银行无法根据贷款风险决定利率水平，利率无法准确反映资金供求状况与短缺程度，致使更多廉价资金流向国有企业的低风险与低收益项目，这种资源配置的偏向使得我国企业杠杆风险表现为结构性问题。而随着利率市场化进程的加深，利率不仅能够反映资金供求变化，而且会根据资金使用风险调整资本使用成本，实现资金使用风险与成本之间的匹配关系。根据资本结构理论，放松利率管制条件一方面会加剧高风险企业的资金使用成本，对企业高杠杆具有抑制作用，同时有助于改善企业面临的债务融资环境，消除信贷市场摩擦，从而有助于降低资本结构。那么我国放松利率管制的实践是否显著抑制了企业过度负债或资本结构的偏离？是否有助于加快资本结构的调整速度？是否有助于抑制企业资本错配？这是一个亟待研究的问题，而且该问题的探索，对于我国如何利用供给侧改革措施"去杠杆"具有非常重要的政策启示意义。

4.2　研究假设

根据经典的资本结构 MM 定理可知，在系列严格假定的条件下，公司价值不受资本结构选择的影响。然而，现实世界中由于受市场摩擦、信息不对称、破产成本以及所得税等因素影响，任何企业都存在一个最佳资本结构使得公司价值能够实现最大化（Deangelo and Masulis, 1980；

---

① http：//www.eeo.com.cn/2016/1010/292488.shtml.

姜付秀和黄继承，2011)①②。企业的融资结构决策不仅取决于企业自身融资需求，还取决于金融市场供给等因素（于蔚等，2012；Faulkender and Petersen，2012)③④。由于市场摩擦等因素的存在，企业资本结构经常处于偏离最佳资本结构的状态（王正位等，2007)⑤。致使企业资本结构偏离最佳状态的摩擦因素，主要源于金融市场发展不均衡、金融市场供给不足、信贷歧视等因素（姜付秀和黄继承，2011；王正位等，2014；盛明泉，2012)⑥⑦⑧。

在利率管制时期，我国政府对贷款利率上限的管制会导致实际利率水平低于市场均衡水平，从而使得金融机构与企业投融资行为之间发生扭曲，不利于资金的有效配置（王东静和张祥建，2007)⑨。如战明华等（2013）认为，利率控制使得银行更愿意将大量信贷资源配置给具有信息优势的上市公司，从而加剧了中小企业的融资困难问题，扭曲资

---

① Deangelo H, Masulis R W. *Optimal Capital Structure Under Corporate and Personal Taxation* [J]. Journal of Financial Economics, 1980, 8 (1): 3-29.

② 姜付秀，黄继承. 市场化进程与资本结构动态调整 [J]. 管理世界, 2011 (3): 124-134, 167.

③ 于蔚，金祥荣，钱彦敏. 宏观冲击、融资约束与公司资本结构动态调整 [J]. 世界经济, 2012 (3): 24-47.

④ Faulkender M, Petersen M. *Investment and Capital Constraints: Repatriations Under the American Jobs Creation Act* [J]. The Review of Financial Studies, 2012, 25 (11): 3351-3388.

⑤ 王正位，赵冬青，朱武祥. 资本市场摩擦与资本结构调整——来自中国上市公司的证据 [J]. 金融研究, 2007 (6): 109-119.

⑥ 姜付秀，黄继承. 市场化进程与资本结构动态调整 [J]. 管理世界, 2011 (3): 124-134, 167.

⑦ 王正位，赵冬青，朱武祥. 资本市场摩擦与资本结构调整——来自中国上市公司的证据 [J]. 金融研究, 2007 (6): 109-119.

⑧ 盛明泉. 国有产权、预算软约束与资本结构动态调整 [J]. 管理世界, 2012 (3): 151-157.

⑨ 王东静，张祥建. 利率市场化、企业融资与金融机构信贷行为研究 [J]. 世界经济, 2007 (2): 50-59.

源配置行为①。为了更好地发挥市场在资源配置中的决定性作用,优化信贷这一稀缺资源的配置效率,我国自 1993 年开始进行利率市场化改革。所谓利率市场化是指以中央银行指定的基础利率为基础,由金融机构根据市场资金供求关系及资金松紧程度自主决定存贷款利率水平的利率定价机制（马弘和郭于玮,2016）②。因此,利率市场化不仅能够发挥利率调节信贷市场资本的供求关系,而且有助于匹配利率与贷款风险,从而消除信贷市场的融资摩擦（战明华和应诚炜,2015）③。

关于利率市场化源于金融自由化,已有文献主要从金融自由化与企业融资约束（Harris 等,1994；Gelos and Werner, 2002；Laeven, 2003；Koo and Shin, 2004）④⑤⑥⑦、企业融资结构以及其他融资行为的影响（王东静和张祥建,2007）⑧ 等方面展开研究。另外,还有部分学者

---

① 战明华,王晓君,应诚炜. 利率控制、银行信贷配给行为变异与上市公司的融资约束 [J]. 经济学（季刊）, 2013, 12 (3): 1255-1276.

② 马弘,郭于玮. 利率市场化与信贷歧视——基于 2004 年贷款利率改革的倍差法检验 [J]. 经济研究, 2016.

③ 战明华,应诚炜. 利率市场化改革、企业产权异质与货币政策广义信贷渠道的效应 [J]. 经济研究, 2015 (9): 114-126.

④ Harris J R, Schiantarelli F, Siregar M G. *The Effect of Financial Liberalization on the Capital Structure and Investment Decisions of Indonesian Manufacturing Establishments* [J]. The World Bank Economic Review, 1994, 8 (1): 17-47.

⑤ Gelos R G, Werner A M. *Financial Liberalization, Credit Constraints, and Collateral: Investment in the Mexican Manufacturing Sector* [J]. Journal of Development Economics, 2002, 67 (1): 1-27.

⑥ Laeven L. *Does Financial Liberalization Reduce Financing Constraints?* [J]. Financial Management, 2003 (2): 5-34.

⑦ Koo J, Shin S. *Financial Liberalization and Corporate Investments: Evidence From Korean Firm Data* [J]. Asian Economic Journal, 2004, 18 (3): 277-292.

⑧ 王东静,张祥建. 利率市场化、企业融资与金融机构信贷行为研究 [J]. 世界经济, 2007 (2): 50-59.

总结利率改革进程以及对利率市场化指数的测度进行探讨，如易纲(2009)① 回顾了我国自改革开放以来利率市场化改革进程，认为利率市场化，推动金融机构自主定价，实现了"贷款利率管下限、存款利率管上限"的阶段性改革目标。也有学者从中国利率市场化进程的阶段性变化，使用实际利率水平、利率决定的三种方式、理论浮动范围和幅度三个指标测度利率市场化进程。

由于利率管制导致利率扭曲，银行无法根据单笔贷款风险调整利率水平，这样一方面风险较大的中小企业及民营企业普遍面临严重的信贷歧视问题，同时另一方面，利率管制使得我国公司债务融资相对于股权融资更具有成本优势，具有优势的企业更容易进行债务融资。如唐国正和刘力（2005）② 研究发现，利率管制导致的利率扭曲是致使我国企业更偏向债务融资不可忽视的一个重要因素。此外，利率控制导致银行更愿意将贷款发放给具有政府担保的国有企业，以及具有竞争优势的大企业，使得我国银行信贷呈现明显的"所有制歧视"与"规模歧视"现象（战明华等，2013）③。

利率市场化不仅理顺了资金价格体系，使得利率能够充分反映资金供给与需求之间的关系，而且促使市场在信贷资源配置中起决定性作用。因此，放松利率管制至少可以从以下几个方面对企业过度负债产生影响：

第一，根据金融抑制理论，政府通过利率管制会导致实际贷款利率水平低于市场均衡利率水平，导致实际资金需求远高于信贷供给，造成部分企业无法通过正常渠道获得银行信贷资金，而不得不转向非正式融

---

① 易纲. 中国改革开放三十年的利率市场化进程 [J]. 金融研究，2009 (1)：1-14.
② 唐国正，刘力. 利率管制对我国上市公司资本结构的影响 [J]. 管理世界，2005（1）：50-58.
③ 战明华，王晓君，应诚炜. 利率控制、银行信贷配给行为变异与上市公司的融资约束 [J]. 经济学（季刊），2013，12（3）：1255-1276.

资渠道。而取消利率管制以后，政府在压低市场需求的同时增加了市场资金供给，实现资金供求平衡，实际利率水平将伴随着均衡利率水平而出现整体上升，实际利率水平的整体上升将通过用资成本渠道抑制企业过度负债（金中夏等，2013；纪洋等，2015）①②。第二，随着利率管制的放开，银行间竞争的加剧，促使银行更加注重贷款风险管理（张宗益，2012；彭建刚等，2016）③④，因而对于过度负债企业的再贷款难度加大。第三，随着利率管制的放开，放贷银行可以根据单笔贷款风险自由调整利率水平，从而使得贷款风险与贷款利率相匹配（马弘和郭于玮，2016）⑤，对于过度负债的企业来说，因其高风险而增加了企业债务融资成本，有助于抑制企业过度负债（金中夏等，2013）⑥。综上，本书预计放松利率管制能够显著抑制企业过度负债，从而提出研究假设 H4.1。

研究假设 H4.1：在其他条件不变的情况下，放松利率管制有助于抑制企业过度负债。

根据企业资本结构调整的动态权衡理论，企业能否快速调整实际资本结构以趋近于目标资本结构，不仅取决于企业自身的调整意愿，而且还依赖于企业面临的外部融资环境，特别是金融市场摩擦程度（Fischer 等，1989；Fama and French，2002；Flannery and Rangan，2006；Drobetz

---

① 金中夏，洪浩，李宏瑾．利率市场化对货币政策有效性和经济结构调整的影响 [J]．经济研究，2013（4）：69-82．
② 纪洋，徐建炜，张斌．利率市场化的影响、风险与时机——基于利率双轨制模型的讨论 [J]．经济研究，2015（1）：38-51．
③ 张宗益．商业银行价格竞争与风险行为关系——基于贷款利率市场化的经验研究 [J]．金融研究，2012（7）：1-14．
④ 彭建刚，王舒军，关天宇．利率市场化导致商业银行利差缩窄吗？——来自中国银行业的经验证据 [J]．金融研究，2016，433（7）：48-63．
⑤ 马弘，郭于玮．利率市场化与信贷歧视——基于2004年贷款利率改革的倍差法检验 [J]．经济研究，2016．
⑥ 金中夏，洪浩，李宏瑾．利率市场化对货币政策有效性和经济结构调整的影响 [J]．经济研究，2013（4）：69-82．

and Wanzeried, 2006；王正位等, 2007) ①②③④⑤。MM 理论认为所谓金融市场摩擦，主要泛指各种原因造成的融资的困难程度，包括企业融资时的交易成本、信息成本及各种管制带来的融资约束。当金融市场摩擦较大时，企业难以根据自身实际需求选择合适的融资方式，从而快速调整至目标资本结构状态（赵兴楣和王华，2011）⑥。利率市场化实质是对我国金融市场逐步完善的过程，对完善金融体制建设、消除市场摩擦及缓解融资约束均有着至关重要的作用（战明华等，2013）⑦。

因此，放松利率管制至少可以从以下两个方面影响企业资本结构的调整速度：第一，如果说金融市场摩擦是导致企业资本结构调整速度受到限制的重要原因，那么随着利率市场化程度的加深，信贷市场摩擦的消除及企业融资灵活性的增加，从而降低了资本结构的调整成本，加快了资本结构的调整速度。第二，阻碍企业资本结构快速调整的另一重要原因在于因管制导致的融资约束（闵亮和沈悦，2011；于蔚等，2012；

---

① Fischer E O, Heinkel R, Zechner J. *Dynamic Capital Structure Choice：Theory and Tests* [J]. The Journal of Finance, 1989, 44 (1)：19-40.

② Fama E F, French K R. *Testing Trade-off and Pecking Order Predictions About Dividends and Debt* [J]. The Review of Financial Studies, 2002, 15 (1)：1-33.

③ Flannery M J, Rangan K P. *Partial Adjustment Toward Target Capital Structures* [J]. Journal of Financial Economics, 2006, 79 (3)：469-506.

④ Drobetz W, Wanzenried G. *What Determines the Speed of Adjustment to the Target Capital Structure?* [J]. Applied Financial Economics, 2006, 16 (13)：941-958.

⑤ 王正位，赵冬青，朱武祥. 资本市场摩擦与资本结构调整——来自中国上市公司的证据 [J]. 金融研究，2007 (6)：109-119.

⑥ 赵兴楣，王华. 政府控制、制度背景与资本结构动态调整 [J]. 会计研究，2011 (3)：34-40.

⑦ 战明华，王晓君，应诚炜. 利率控制、银行信贷配给行为变异与上市公司的融资约束 [J]. 经济学（季刊），2013, 12 (3)：1255-1276.

潜力和胡援成，2015）①②③，利率市场化有助于缓解企业面临的融资约束（Koo and Shin，2004；胡晖和张璐，2015；战明华和应诚炜，2015）④⑤⑥，从而促进企业资本结构的调整速度。综合以上分析，本书提出研究假设 H4.2。

研究假设 H4.2：在其他条件不变的情况下，放松利率管制会显著加快资本结构的调整速度。

在我国金融抑制与利率管制的环境下，国有企业的政府担保机制致使银行将更多资金配置给国有企业，而非国有企业因为信息不对称以及违约风险较大，致使银行不愿意配置与投资期限相匹配的资金，从而非国有企业不得不通过使用短期借款进行长期投资，作为应对融资约束的"替代机制"，表现出非常严重的"资金错配"现象。"资本错配"行为一方面能够为企业提供短期流动性支持，缓解流动性不足（Campello 等，2011）⑦，同时另一方面也加剧了企业偿债压力，提高了企业财务困境风险（Acharya 等，2011）⑧。当利率管制放松以后，贷款银行可以

---

① 闵亮，沈悦. 宏观冲击下的资本结构动态调整——基于融资约束的差异性分析［J］. 中国工业经济，2011（5）：109-118.

② 于蔚，金祥荣，钱彦敏. 宏观冲击、融资约束与公司资本结构动态调整［J］. 世界经济，2012（3）：24-47.

③ 潜力，胡援成. 经济周期、融资约束与资本结构的非线性调整［J］. 世界经济，2015（12）：135-158.

④ Koo J, Shin S. *Financial Liberalization and Corporate Investments: Evidence From Korean Firm Data*［J］. Asian Economic Journal，2004，18（3）：277-292.

⑤ 胡晖，张璐. 利率市场化对成长型企业融资约束的影响——基于对中小板企业的研究［J］. 经济评论，2015（5）：141-153.

⑥ 战明华，应诚炜. 利率市场化改革、企业产权异质与货币政策广义信贷渠道的效应［J］. 经济研究，2015（9）：114-126.

⑦ Campello M, Giambona E, Graham J R, et al. *Liquidity Management and Corporate Investment During a Financial Crisis*［J］. The Review of Financial Studies，2011，24（6）：1944-1979.

⑧ Acharya V V, Gale D, Yorulmazer T. *Rollover Risk and Market Freezes*［J］. The Journal of Finance，2011，66（4）：1177-1209.

通过调整利率水平来自动调节信贷资金的供需关系。当企业面临足够好的投资机会时，可以通过调高利率水平来获得与资金需求期限相匹配的银行信贷资金。相对于短期借款，长期借款具有更高的风险，因此放松利率管制后企业可以支付更高的资金成本以补偿放贷银行面临的贷款风险，获得更多长期借款以延长借款期限。据此，本书提出研究假设H4.3：

研究假设H4.3：在其他条件不变的情况下，放松利率管制会显著提高企业债务期限结构。

4.3 研究设计

4.3.1 研究模型

为了检验本章的研究假设H4.1和H4.3，本书使用如下回归模型，来检验放松利率管制如何影响企业过度负债或债务期限结构。具体如下：

$$ExelLev_{it}/Maturity_{it} = \beta_0 + \beta_1 Post2004_{it} + \beta_2 Nonstate_{it} + \beta_3 Nonstate_{it} \times Post2004_{it} + \beta_4 Post2013_{it} + \beta_5 Nonstate_{it} \times Post2013_{it} + \sum \beta_{j+5} Control_{it-1} + \varepsilon_{it} \quad (4-1)$$

上述式（4-1）中，$ExelLev_{it}$与$Maturity_{it}$为因变量，分别表示过度负债与债务期限结构，其中过度负债（$ExelLev$）借鉴Denis and Mckeon（2012）① 及陆正飞等（2015）研究，使用式（4-2）来估计目标资本结构：

$$ILev_{it} = \beta_0 + \sum \beta_j Control_{it-1} + \varepsilon_{it} \quad (4-2)$$

---

① Denis D J, Mckeon S B. Debt Financing and Financial Flexibility Evidence From Proactive Leverage Increases [J]. The Review of Financial Studies, 2012, 25（6）: 1897-1929.

上述式（4-2）中，$ILev_{it}$ 表示企业当期有息负债，考虑放松利率管制主要影响企业银行借款等债务，因此本章使用期末短期借款与长期借款之和除以期末总资产来表示有息负债。Control 为影响公司目标资本结构的系列控制变量，主要包括产权性质、资产净利润、资产负债率行业中位数、固定资产与总资产之比、期末总资产的自然对数以及第一大股东持股比例，使用企业实际资本结构减去式（2）估计的目标资本结构，即为过度负债（ExeILev），该指标值越大，则表示企业过度负债程度越严重。

债务期限结构则使用长期借款占总借款之和的比重来表示，该值越大，表示企业长期借款比重越高，债务期限越长。

由于中央银行取消贷款利率上下限虽然是分步实施，但因同时适用于所有企业，考虑在利率管制时期，由于信贷所有制歧视的存在，使得存贷款利率上下限的放开对国有企业与非国有企业的影响存在显著不同，且企业产权性质在一定程度上外生于放松利率管制。因此，本书分别通过设置贷款利率上下限放开两个指标（其中 Post2004，在 2004 年之后取值为 1，否则为 0，表示放开贷款利率上限；其中 Post2013，在 2013 年之后取值为 1，否则为 0，表示放开贷款利率下限），并分别与非国有企业（Nonstate，当为非国有企业时取值为 1，否则取值为 0）进行交互来捕捉放松利率管制对企业过度负债与债务期限结构的影响。根据研究假设 H4.1 和 H4.3，β_3 和 β_5 为待检验系数。

式（4-1）中的 Control 为控制的系列可能影响公司过度负债或债务期限结构的变量，主要包括公司规模（Size）、成长机会（Growth）、固定资产占比（Tang）、盈利能力（Roa）、非债务税盾（Ndts）、资产负债率行业中位数（Ind_median_ILev）以及年度与行业效应等。

为了检验研究假设 H4.2，本章建立了放松利率管制影响企业资本结构的部分调整模型。首先，借鉴已有文献，如 Flannery and Rangan

(2006)、姜付秀等（2008）、姜付秀和黄继承（2011），构建如下原始模型：

$$ILev_{i,t}^* = \alpha_0 + \beta X_{i,t-1} + \mu_{i,t} \tag{4-3}$$

$$ILev_{i,t} - ILev_{i,t-1} = \delta(ILev_{i,t}^* - ILev_{i,t-1}) + \varepsilon_{i,t} \tag{4-4}$$

上述式（4-3）中，$ILev_{i,t}^*$表示企业第t年的目标资本结构，$X_{i,t-1}$表示公司$t-1$年的公司特征，包括公司规模（$Size$），使用企业年末总资产自然对数来表示；成长机会（$Growth$），使用营业收入增长率来表示；固定资产比重（$Tang$），使用固定资产净值占总资产比例来表示；盈利能力（Roa），使用总资产净利率来表示；非债务税盾（$Ndts$），使用固定资产折旧除以总资产来表示；资产负债率行业中位数（Ind_median_ILev），表示所在行业资本结构特征，其中$\mu_{i,t}$为企业特殊的非观测效应。在式（4-4）中，$ILev_{i,t}$为企业第t期的实际资本结构，$ILev_{i,t-1}$为企业第$t-1$期的实际资本结构，$ILev_{i,t}^*$为企业第t期的目标资本结构，δ则为实际资本结构占目标资本结构的比例，表示企业资本结构调整速度。

将式（4-3）代入式（4-4）整理后得到：

$$ILev_{i,t} = (1-\delta)ILev_{i,t-1} + \delta\beta X_{i,t-1} + v_t + \varepsilon_{i,t} \tag{4-5}$$

为了检验放松利率管制对企业资本结构调整速度的影响，在式（4-5）中加入了上一期的放松利率管制进程变量（$Post$），具体如下：

$$ILev_{i,t} = (1-\delta)ILev_{i,t-1} + \gamma Deregulate_{i,t-1} + \eta Deregulate_{i,t-1}$$
$$\times ILev_{i,t-1} + \delta\beta X_{i,t-1} + v_i + \varepsilon_{i,t} \tag{4-6}$$

上述式（4-6），资本结构的调整速度可以表示为$\delta' = \delta - \eta \times Deregulate$，$Deregulate$表示放松利率管制，定义与式（4-1）完全相同，因放松利率管制指数均为正值，因此若η的符号显著为负，则表示放松利率管制能够显著提高资本结构的调整速度，若η的符号显著为正，则表示放松利率管制能够降低提高资本结构的调整速度。以上式(4-1)~(4-6)中变量的具体定义见表4-1。

表 4-1　利率市场化与过度负债、债务期限结构模型变量定义表

变量类型	变量名称	变量具体定义
因变量	$ILev$	表示有息负债率，等于期末长短期借款之和除以期末总资产
	$ExeILev$	表示过度负债，等于实际资本结构（有息负债率）减去目标资本结构，其中目标资本结构是由公司特征决定的，包括公司规模、盈利能力、成长机会、资产有形性、非债务税盾和资产负债率行业中位数等
	$Maturity$	表示债务期限结构，等于年末长期借款除以短期借款和长期借款之和来表示
自变量	$Post2004$	表示放松利率上限管制，2004 年之后取值为 1，否则为 0
	$Post2013$	表示放松利率下限管制，2013 年之后取值为 1，否则为 0
	$Nonstate$	表示非国有产权属性，根据实际控制人性质，当为非国有企业时，取值为 1，当为国有企业时则取值为 0
控制变量	$Size$	表示公司规模，等于年末总资产自然对数
	$Growth$	表示公司成长机会，等于（本期营业收入−上期营业收入）/本期营业收入
	$Tang$	表示资产有形性，等于期末固定资产净额除以期末总资产
	Roa	表示盈利能力，等于净利润除以总资产
	Lev	表示资产负债率，等于总负债与总资产之比
	$Ndts$	表示非债务税盾，等于固定资产折旧除以总资产
	Ind_median_ILev	表示公司所在行业资本结构特征，等于年度行业资本结构（有息负债率）中位数
	Ind_dummy	表示行业虚拟变量，当为该行业时取值为 1，否则取值为 0，以控制行业效应
	$Year\_dummy$	表示年度虚拟变量，当为该年度时取值为 1，否则取值为 0，以控制年度效应

4.3.2 样本选择与数据来源

我国于 2004 年和 2013 年先后放开了贷款利率的上下限,为了延长样本区间,保持贷款利率放开事件前后的基本对称性,因此本章以 2001—2015 年非金融类 A 股上市公司财务数据作为研究样本。但在估计企业资本结构等数据时,需要使用上一期相关数据,因此实际样本中还使用了 2000 年上市公司财务数据。其中所有财务数据均来自 CSMAR 数据库,而利率相关指标的原始数据均来自中国人民银行网站。对原始数据剔除金融类上市公司、产权性质缺失或不明确的和其他观测值数据缺失的样本后,共获得 23360 个公司年度观测值作为有效样本。为降低异常值对回归结果的影响,针对所有连续变量进行了 1% 分位数和 99% 分位数的缩尾处理(Winsorize 处理)。

4.3.3 描述性统计

本章主要变量的描述性统计见表 4-2。作为因变量的有息资产负债率($ILev$),其均值为 0.500,而中位数为 0.493,两者在数量上大致相当,保证了因变量接近正态分布特征。

表 4-2 利率市场化与过度负债、债务期限结构模型主要变量描述性统计

变量名称	样本量	均值	标准误	Q1	Q2	Q3
$ILev$	23360	0.500	0.247	0.332	0.493	0.641
$Nonstate$	23360	0.432	0.495	0	0	1
$Post2004$	23360	0.867	0.337	1	1	1
$Post2013$	23360	0.306	0.461	0	0	1
$Size$	23360	21.556	1.210	20.737	21.413	22.218
$Growth$	23360	0.217	0.578	-0.023	0.128	0.309
$Tang$	23360	0.268	0.181	0.128	0.237	0.384

续表

变量名称	样本量	均值	标准误	Q1	Q2	Q3
Roa	23360	0.029	0.071	0.011	0.032	0.060
$Ndts$	23360	0.029	0.016	0.011	0.020	0.032
Ind_median_ILev	23360	0.467	0.094	0.396	0.454	0.529

$Post2004$ 均值为 0.867，表明 86.7% 的样本位于放松利率上限管制的区间内，$Post2013$ 均值为 0.306，表明 30.6% 的样本位于放松利率下限管制的区间内，$Nonsoe$ 均值为 0.432，表明约有 43.2% 的样本属于非国有企业，这与已有文献统计分布一致。其他控制变量，除主营业务收入增长率呈现右偏分布外（均值明显大于中位数），其余控制变量均呈现正态分布特征（均值与中位数比较接近），这与已有文献的样本分布特征也比较一致。

4.4 实证结果

4.4.1 初步检验

表 4-3 为研究假设 H4.1，即放松利率管制对过度负债影响的检验结果，其中因变量为根据式（4-2）估计的下一期过度负债水平。从中可以发现：取消贷款利率上下限与产权性质的交互项（$Nonstate \times Post2004$，$Nonstate \times Post2013$），即交互项系数均在 5% 水平显著为负。表明放松利率管制通过消除信贷市场摩擦，自动实现信贷资金供给与需求之间的平衡，从而显著抑制了企业过度负债水平，支持了研究假设 H4.1 的逻辑推理。

表 4-3　　　　　　产权性质、利率市场化与过度负债

	(1)	(2)	(3)
	Dependent Variables：下一期过度负债		
Nonstate	0.037***	0.024***	0.037***
	(0.000)	(0.000)	(0.000)
Post2004	-0.560***		-0.560***
	(0.000)		(0.000)
Nonstate×Post2004	**-0.018****		**-0.015****
	(0.021)		**(0.023)**
Post2013		-0.868***	-0.306***
		(0.000)	(0.000)
Nonstate×Post2013		**-0.014*****	**-0.012****
		(0.003)	**(0.011)**
Size	-0.003	-0.003	-0.003
	(0.220)	(0.227)	(0.208)
Growth	-0.003***	-0.003***	-0.003***
	(0.001)	(0.002)	(0.002)
Tang	-0.042**	-0.041**	-0.042**
	(0.026)	(0.026)	(0.026)
Roa	0.088	0.085	0.088
	(0.656)	(0.669)	(0.658)
Ndts	0.074***	0.073***	0.075***
	(0.000)	(0.000)	(0.000)
Ind_median_ILev	-0.002	-0.003	-0.006
	(0.951)	(0.933)	(0.859)
_cons	0.153***	0.155***	0.156***
	(0.004)	(0.003)	(0.003)
行业效应	控制	控制	控制

续表

	（1）	（2）	（3）
	Dependent Variables：下一期过度负债		
年度效应	控制	控制	控制
$Adj. R^2$	0.781	0.781	0.781
$F\ Value$	1906.647	1905.780	1862.816
N	20 758	20 758	20 758

注：表中括号内为经公司与年度层面 Cluster 后的 P 值；***、**、* 分别表示在 1%、5%、10% 统计意义上显著。

表 4-4 为验证研究假设 H4.2，即利率市场化对资本结构调整速度影响的检验结果，因变量为下一期有息负债率。从中可以发现：表示贷款利率上限对资本结构调整速度影响的三次交互项（Nonstate×Post2004×ILev）均不显著，而表示贷款利率下限对资本结构调整速度影响的三次交互项（Nonstate×Post2013×ILev）均显著为负。表明放松利率下限管制即完全利率市场化有助于消除市场摩擦，抑制资本结构的偏离，并加快企业实际资本结构趋同目标资本的速度，而仅仅放松贷款利率上限作用不显著，验证了研究假设 H4.2 的逻辑推理，同时也证实了信贷市场摩擦对加快资本结构调整速度的重要作用。

表 4-4　　利率市场化与资本结构调整速度

	（1）	（2）	（3）
	因变量：下一期有息负债率		
ILev	0.885***	0.851***	0.884***
	(0.000)	(0.000)	(0.000)
Nonstate	0.013	-0.005	0.014
	(0.515)	(0.409)	(0.476)

续表

	（1）	（2）	（3）
	因变量：下一期有息负债率		
$Nonstate \times ILev$	0.031	0.010	0.031
	(0.457)	(0.438)	(0.452)
$Post2004$	−0.005		−0.000
	(0.629)		(0.971)
$Post2004 \times ILev$	−0.032		−0.036
	(0.162)		(0.124)
$Nonstate \times Post2004$	−0.009		−0.018
	(0.668)		(0.366)
$Nonstate \times Post2004 \times ILev$	**−0.045****		−0.024
	(**0.045**)		(0.293)
$Post2013$		−0.024**	−0.022**
		(0.012)	(0.026)
$Post2013 \times ILev_{t-1}$		0.006	0.009
		(0.745)	(0.669)
$Nonstate \times Post2013$		0.045***	0.047***
		(0.001)	(0.000)
$Nonstate \times Post2013 \times ILev_{t-1}$		**−0.104*****	**−0.103*****
		(**0.000**)	(**0.000**)
$Size$	0.008***	0.009***	0.010***
	(0.000)	(0.000)	(0.000)
$Growth$	−0.001	−0.001	−0.001
	(0.594)	(0.747)	(0.500)
$Tang$	−0.012	−0.008	−0.014*
	(0.122)	(0.298)	(0.065)
Roa	−0.192***	−0.214***	−0.202***
	(0.000)	(0.000)	(0.000)

续表

	(1)	(2)	(3)
	因变量：下一期有息负债率		
Ndts	−0.126	−0.230***	−0.140*
	(0.106)	(0.003)	(0.071)
Ind_median_ILev	0.135***	0.082***	0.108***
	(0.000)	(0.000)	(0.000)
_cons	−0.128***	−0.114***	−0.154***
	(0.000)	(0.000)	(0.000)
行业效应	控制	控制	控制
年度效应	控制	控制	控制
Adj. R^2	0.782	0.782	0.783
F Value	2262.61	2256.73	2032.68
N	20 775	20 775	20 775

注：表中括号内为经公司与年度层面 Cluster 后的 P 值；***、**、* 分别表示在 1%、5%、10% 统计意义上显著。

表 4-5 为研究假设 H4.3，即检验利率市场化对企业债务期限结构的影响的结果，其中因变量为长期借款占总借款的比重。从中可以发现：放松贷款利率上限管制与产权性质交互项（Nonstate×Post2004）系数显著为正，而放松贷款利率下限管制与产权性质交互项（Nonstate×Post2013）系数不显著，表明放松贷款利率上限管制，企业可以通过提高贷款利率水平来补偿长期借款风险，致使非国有企业可以通过提高贷款利率获得更多长期借款，从而增加企业长期债务的比重，而放开贷款利率下限的作用则不明显。

表 4-5　　利率市场化与债务期限结构

	(1)	(2)	(3)
	Dependent Variables：债务期限结构		
Nonstate	-0.033***	-0.009	-0.033***
	(0.004)	(0.424)	(0.005)
Post2004	-0.034***		-0.035***
	(0.000)		(0.000)
Nonstate×Post2004	**0.026****		**0.029****
	(0.027)		**(0.013)**
Post2013		0.016*	0.046***
		(0.081)	(0.000)
Nonstate×Post2013		**-0.010**	**-0.015**
		(0.229)	**(0.103)**
Size	0.059***	0.058***	0.058***
	(0.000)	(0.000)	(0.000)
Growth	0.002	0.002	0.002
	(0.637)	(0.639)	(0.618)
Tang	0.232***	0.232***	0.232***
	(0.000)	(0.000)	(0.000)
Roa	-0.643	-0.647	-0.645
	(0.131)	(0.129)	(0.131)
Ndts	0.257***	0.261***	0.259***
	(0.000)	(0.000)	(0.000)
Ind_median_ILev	0.425***	0.413***	0.420***
	(0.000)	(0.000)	(0.000)
_cons	-1.312***	-1.307***	-1.308***
	(0.000)	(0.000)	(0.000)
行业效应	控制	控制	控制

续表

	(1)	(2)	(3)
	Dependent Variables：债务期限结构		
年度效应	控制	控制	控制
Adj. R^2	0.238	0.238	0.238
F Value	153.866	154.228	151.049
N	18 664	18 664	18 664

注：表中括号内为经公司与年度层面 Cluster 后的 P 值；***、**、* 分别表示在 1%、5%、10%统计意义上显著。

4.4.2 进一步检验

为了进一步考察放松利率管制抑制企业过度负债及加快资本结构调整速度的具体作用机理，本书将使用现金对现金流的敏感性来检验放松利率管制是否有助于缓解融资约束？首先通过放松利率管制与现金流的交互项来考察放松利率管制如何影响现金对现金流的敏感性，并进一步按照产权性质差异进行分组检验。同时根据已有文献，通过资产规模（*Lnsize*）、资本结构（*Lev*，期末总负债与总资产之比）、企业年龄（*Lnage*）、管理费用率（*Adm*，使用管理费用与营业收入之比来表示）、大股东占款（*Orecta*，使用其他应收款除以期末总资产来表示）、营业收入增长率（*Growth*）及股票年回报率（*Ret*）等企业现金持有的影响因素进行检验，检验结果见表4-6。从中可以发现，在非国有企业样本组中，放松利率上限管制与现金流（*Post*2004×*CFO*）的交互项均显著为负，而在国有企业样本组中，放松利率下限管制与现金流（*Post*2013×*CFO*）的交互项均显著为负，且在交互项的全样本检验中，放开贷款利率上限的交互项（*Nonstate*×*Post*2004×*CFO*）系数显著为负，而放开贷款利率下限的交互项（*Nonstate*×*Post*2013×*CFO*）系数显著为正。这表明放松贷款利率上限与下限管制分别显著降低了非国有与国有企业现金持有对现金流的敏感性。

表 4-6　产权性质、利率市场化与现金—现金流敏感性

	（1）	（2）	（3）	
	因变量：$\Delta Cash$			
	全样本	非国有企业	国有企业	全样本
CFO	0.358***	0.462***	0.326***	0.358***
	(0.000)	(0.000)	(0.000)	(0.000)
$Post2004$	−0.050***	−0.059***	−0.038***	−0.044***
	(0.000)	(0.000)	(0.000)	(0.000)
$Post2004×CFO$	**−0.063***	**−0.174****	**−0.026**	**−0.093****
	(0.065)	**(0.022)**	**(0.225)**	**(0.020)**
$Post2013$	0.000	−0.001	0.007*	0.009*
	(0.970)	(0.746)	(0.072)	(0.083)
$Post2013×CFO$	**−0.079****	**−0.055**	**−0.120****	**−0.041***
	(0.008)	**(0.155)**	**(0.000)**	**(0.065)**
$Nonstate×Post2004$				−0.012***
				(0.002)
$Nonstate×Post2013$				0.008
				(0.252)
$Nonstate×CFO$				−0.003
				(0.927)
$Nonstate×Post2004×CFO$				**−0.078****
				(0.042)
$Nonstate×Post2013×CFO$				**0.070***
				(0.083)
$Lnsize$	0.007***	0.012***	0.003***	0.006***
	(0.000)	(0.000)	(0.000)	(0.000)

95

续表

	(1)	(2)	(3)	
	因变量：$\Delta Cash$			
	全样本	非国有企业	国有企业	全样本
Lev	0.037***	0.048***	0.017***	0.035***
	(0.000)	(0.000)	(0.009)	(0.000)
$Lnage$	0.020***	0.029***	0.012***	0.020***
	(0.000)	(0.000)	(0.000)	(0.000)
Adm	−0.002	0.008	−0.011	−0.001
	(0.791)	(0.515)	(0.175)	(0.883)
$Orecta$	−0.060***	−0.092***	−0.030*	−0.058***
	(0.001)	(0.002)	(0.071)	(0.001)
$Growth$	0.019***	0.018***	0.022***	0.020***
	(0.000)	(0.000)	(0.000)	(0.000)
Ret	0.012***	0.015***	0.009***	0.012***
	(0.000)	(0.000)	(0.000)	(0.000)
$\_cons$	−0.185***	−0.303***	−0.084***	−0.170***
	(0.000)	(0.000)	(0.000)	(0.000)
行业效应	0.147	0.165	0.141	0.149
年度效应	74.180	43.868	35.253	67.577
$Adj. R^2$	24 957	10 921	14 036	24 957
$F\ Value$	0.147	0.165	0.141	0.149
N	74.180	43.868	35.253	67.577

注：表中括号内为经公司与年度层面 Cluster 后的 P 值；***、**、* 分别表示在1%、5%、10%统计意义上显著。

已有文献研究认为，在利率管制时期致使我国国有与非国有企业之间产生信贷歧视的根本原因一方面是政府对国有企业具有一定的担保机制，从而使银行更愿意贷款给具有更低风险的国有企业，另一方面还源于非国有企业更低的信息透明度（孙铮等，2006；邓路等，2016）。因此当利率下限放开以后，贷款银行可以降低贷款利率，一方面进一步增加了国有企业贷款需求，另一方面则促使贷款银行将更多资金安全贷给国有企业，从而使取消贷款利率下限进一步提高了国有企业融资便利性。总体来看，放松利率上限管制显著缓解非国有企业融资约束，而放松利率下限管制进一步加剧了国有企业的融资便利性，因此这也进一步说明利率市场化并未从根本上扭转我国信贷歧视问题。

表4-5研究结果证实了放松利率上限管制能够通过提升利率水平对长期贷款进行风险补偿，从而增加了企业长期借款比重。钟凯等（2016）研究表明，金融抑制致使我国企业存在严重的短贷长投现象，而利率市场化是否可以缓解金融抑制，从而使企业可以根据投资需求增加长期借款来降低短贷长投风险，本书对此进行了检验，检验结果见表4-7，其检验模型借鉴钟凯等（2016）模型，其中因变量为新增长期资本投资。从中可以发现：产权性质、放松利率上限管制与短期借款的交互项（$Nonstate \times Post2004 \times Sloan$）系数均显著为负，而产权性质、放松利率下限管制与短期借款的交互项（$Nonstate \times Post2013 \times Sloan$）则不显著，结合表4-5的检验结果，表明放松利率上限管制企业可通过提高贷款风险，获得了更多长期借款以延长贷款期限结构，从而显著抑制了企业短贷长投的风险。

表4-7　　　　　　　　利率市场化与短贷长投行为

	（1）	（2）	（3）
	Dependent Variables：$\Delta Invest$		
$Post2004$	0.001		0.001
	（0.349）		（0.473）
$Nonstate$	−0.003***	0.001	0.001
	（0.001）	（0.894）	（0.892）

续表

	(1)	(2)	(3)
	Dependent Variables：$\Delta Invest$		
$Nonstate \times Post2004$	-0.000		-0.000
	(0.754)		(0.986)
$Sloan$	-0.008***	0.003	0.003
	(0.010)	(0.800)	(0.779)
$Post2004 \times Sloan$	0.010*		0.012**
	(0.078)		(0.032)
$Nonstate \times Sloan$	0.004	-0.016	-0.016
	(0.367)	(0.374)	(0.374)
$Nonstate \times Post2004 \times Sloan$	**-0.019****		**-0.022****
	(0.034)		**(0.016)**
$Post2013$		-0.002	-0.003
		(0.459)	(0.266)
$Nonstate \times Post2013$		-0.005	-0.004
		(0.417)	(0.450)
$Post2013 \times Sloan$		-0.011	-0.013
		(0.302)	(0.226)
$Nonstate \times Post2013 \times Sloan$		**0.018**	**0.023**
		(0.320)	**(0.230)**
$Size_{t-1}$	-0.002***	-0.002***	-0.002***
	(0.000)	(0.000)	(0.000)
$Growth_{t-1}$	0.000	0.000	0.000
	(0.737)	(0.798)	(0.754)
$Tang_{t-1}$	-0.017***	-0.017***	-0.017***
	(0.000)	(0.000)	(0.000)
Lev_{t-1}	0.002	0.002	0.002
	(0.218)	(0.162)	(0.232)

续表

	(1)	(2)	(3)
	Dependent Variables：ΔInvest		
Roa_{t-1}	0.006	0.006	0.006
	(0.257)	(0.261)	(0.252)
_cons	0.033***	0.036***	0.036***
	(0.000)	(0.000)	(0.000)
行业效应	控制	控制	控制
年度效应	控制	控制	控制
$Adj. R^2$	0.012	0.012	0.012
F Value	7.02	6.92	6.62
N	22 400	22 400	22 400

注：表中括号内为经公司与年度层面 Cluster 后的 P 值；***、**、* 分别表示在 1%、5%、10%统计意义上显著。

4.4.3 稳健性检验

为了更好地证实企业资本结构调整是因为放松利率管制所导致，本书还进行了如下的安慰剂检验（Placebo Test）。具体来说，考虑到放开利率管制对企业资本结构调整影响的滞后性，并尽量避免事件点选择的主观性，在进行安慰剂检验时本书将事件窗口期向前挪 2 年（即上限放开挪至 2002 年，而下限放开挪至 2011 年），然后分别与 Nonstate 构造交互项来进行安慰剂检验。具体检验结果见表 4-8 和表 4-9，检验结果发现放松贷款利率下限管制除对资本结构调整影响显著为负外，其余均不显著，安慰剂检验基本通过，即间接证实放开贷款利率上下限对企业债务选择的影响是显著的。

表 4-8 放松利率管制、过度负债与资本结构调整（安慰剂检验）

	（1）	（2）
	Dependent Variables 过度负债	Dependent Variables 资本结构调整速度
Nonstate	0.027***	−0.015
	(0.000)	(0.642)
Placeboup	−0.374***	−0.021
	(0.000)	(0.278)
Nonstate×Placeboup	**−0.000**	0.001
	(0.860)	(0.968)
Placebodown	−0.701***	−0.005
	(0.000)	(0.597)
Nonstate×Placebodown	**0.009**	0.044***
	(0.659)	(0.001)
ILev		0.841***
		(0.000)
Nonstate×ILev		0.072
		(0.303)
Placeboup×ILev		0.023
		(0.593)
Nonstate×Placeboup×ILev		**−0.039**
		(0.580)
Placebodown×ILev		−0.031
		(0.117)
Nonstate×Placebodown×ILev		**−0.112***
		(0.000)
$Size_{t-1}$	−0.002	0.011***
	(0.329)	(0.000)

续表

	(1)	(2)
	Dependent Variables 过度负债	Dependent Variables 资本结构调整速度
$Growt_{t-1}$	-0.002**	-0.001
	(0.010)	(0.787)
$Tang_{t-1}$	-0.036**	-0.013*
	(0.041)	(0.084)
$Ndts_{t-1}$	0.115	-0.181**
	(0.517)	(0.020)
Roa_{t-1}	0.057***	-0.210***
	(0.001)	(0.000)
$Ind\_median\_ILev_{t-1}$	-0.016	0.040*
	(0.587)	(0.052)
$\_cons$	0.139***	-0.122***
	(0.007)	(0.000)
行业效应	控制	控制
年度效应	控制	控制
$Adj. R^2$	0.819	0.784
F Value	2766.57	2041.43
N	20 758	20 775

注：表中括号内为经公司与年度层面 Cluster 之后的 P 值；***、**、* 分别表示 1%、5%、10% 统计意义上显著。

表4-9　放松利率管制与债务期限结构（安慰剂检验）

	(1)	(2)	(3)
	Dependent Variables：债务期限结构		
Nonstate	-0.039	-0.016***	-0.039
	(0.101)	(0.006)	(0.101)

续表

	(1)	(2)	(3)
	Dependent Variables：债务期限结构		
$Placeboup$	−0.015		−0.015
	(0.252)		(0.249)
$Nonstate \times Placeboup$	**0.024**		**0.025**
	(0.318)		**(0.314)**
$Placebodown$		0.003	0.014
		(0.796)	(0.216)
$Nonstate \times Placebodown$		**0.000**	**−0.001**
		(0.987)	**(0.888)**
$Size_{t-1}$	0.059***	0.059***	0.059***
	(0.000)	(0.000)	(0.000)
$Growt_{t-1}$	0.001	0.000	0.001
	(0.876)	(0.892)	(0.874)
$Tang_{t-1}$	0.285***	0.285***	0.285***
	(0.000)	(0.000)	(0.000)
$Ndts_{t-1}$	0.238***	0.238***	0.239***
	(0.000)	(0.000)	(0.000)
Roa_{t-1}	−1.192***	−1.192***	−1.192***
	(0.000)	(0.000)	(0.000)
$Ind\_median\_ILev_{t-1}$	0.356***	0.355***	0.355***
	(0.000)	(0.000)	(0.000)
$\_cons$	−1.267***	−1.270***	−1.267***
	(0.000)	(0.000)	(0.000)
行业效应	控制	控制	控制
年度效应	控制	控制	控制
$Adj. R^2$	0.238	0.238	0.238

续表

	（1）	（2）	（3）
	Dependent Variables：债务期限结构		
F Value	156.01	155.98	152.38
N	18 664	18 664	18 664

注：表中括号内为经公司与年度层面 Cluster 之后的 P 值；***、**、* 分别表示 1%、5%、10%统计意义上显著。

为了使本章研究结论更加稳健，本书分别使用顾海兵等（2013）、李萍和冯梦萍（2016）两种方法测度利率市场化进程指数对主检验进行了稳健性测试，该指数越大，表示利率市场化进程程度越高，其中第一种方法为 Interest1（合成法），第二种方法为 Interest2（权重法）。两个指数测度的利率市场化进程如图 4-1 所示，可以看出，我国利率市场化呈现显著的上升趋势，特别是 2004 年放开贷款利率上限管制以后，利率市场化进程加快，而随着 2008 年金融危机爆发与四万亿经济刺激计划的出台，利率市场化进程呈现徘徊甚至倒退现象。由于以上两指数均属于年度时间序列指数，且无法通过年度效应来控制时间趋势，因此本章选择使用差分法来处理。具体稳健性检验如下：

第一，使用利率市场化指数分别对研究假设 H4.1、研究假设 H4.2 进行稳健性检验，即利率市场化是否抑制了企业过度负债及加快企业资本结构调整速度，以及不同产权性质是否存在差异，检验结果分别见表 4-10 和表 4-11。检验结果发现：随着利率市场化程度的加深，不仅显著抑制了企业过度负债，而且显著提升了企业资本结构的调整速度，且相对于国有企业，推进利率市场化进程对抑制非国有企业过度负债、提升非国有企业资本结构的调整速度的作用更显著，从而进一步支持了表 4-3 和表 4-4 的检验结果。

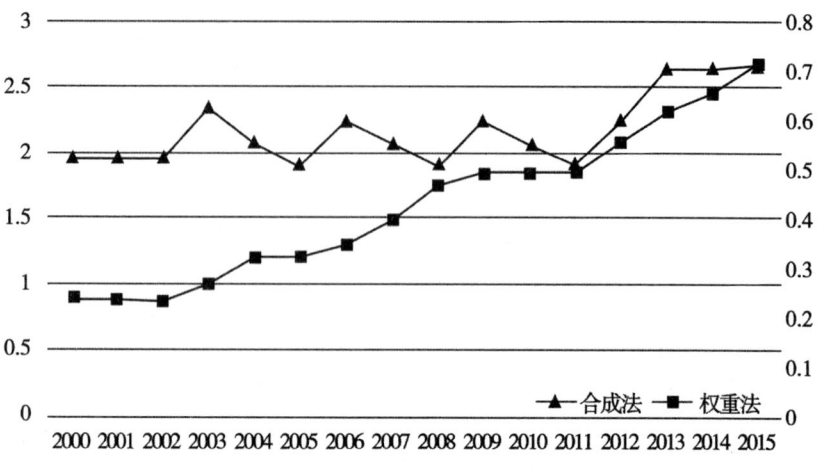

图 4-1　2000—2015 年利率市场化指数图

表 4-10　利率市场化指数、过度负债与资本结构调整速度（稳健性检验）

	（1）	（2）	（3）	（4）
	Dependent Variables：过度负债		Dependent Variables：资本结构调整速度	
$\Delta Interest1$	−2.811***		1.020***	
	(0.000)		(0.000)	
$\Delta Interest2$		−0.178***		−0.457***
		(0.000)		(0.000)
$ILev$			0.698***	1.084***
			(0.000)	(0.000)
$\Delta Interest1 \times ILlev$			−0.751***	
			(0.000)	
$\Delta Interest2 \times ILev$				−0.008**
				(0.015)

续表

	(1)	(2)	(3)	(4)
	Dependent Variables: 过度负债		Dependent Variables: 资本结构调整速度	
$Size_{t-1}$	-0.053***	-0.057***	0.039***	0.038***
	(0.000)	(0.000)	(0.000)	(0.000)
$Growt_{t-1}$	0.015***	0.014***	0.029***	0.019***
	(0.000)	(0.000)	(0.000)	(0.000)
$Tang_{t-1}$	0.272***	0.304***	-0.100***	-0.156***
	(0.000)	(0.000)	(0.000)	(0.000)
$Ndts_{t-1}$	-1.506***	-1.721***	0.007	0.026
	(0.000)	(0.000)	(0.955)	(0.860)
Roa_{t-1}	-0.072*	-0.082**	-1.158***	-0.795***
	(0.077)	(0.050)	(0.000)	(0.000)
$Ind\_median\_ILev_{t-1}$	0.797***	0.695***	-0.913***	-0.926***
	(0.000)	(0.001)	(0.000)	(0.000)
$\_cons$	0.328***	0.370***	-0.431***	0.653***
	(0.000)	(0.000)	(0.000)	(0.000)
行业效应	控制	控制	控制	控制
$Adj.\ R^2$	0.192	0.149	0.868	0.864
F Value	183.15	136.07	4695.35	4562.54
N	20 759	20 759	20 739	20 739

注：表中括号内为经公司与年度层面 Cluster 之后的 P 值；***、**、* 分别表示在 1%、5%、10%统计意义上显著。

表4-11 产权性质、利率市场化指数与企业资本结构选择（稳健性检验）

	（1）	（2）	（3）	（4）
	Dependent Variables：过度负债		*Dependent Variables*：资本结构调整速度	
$\Delta Interest1$	-2.392***		0.994***	
	(0.000)		(0.000)	
$\Delta Interest2$		-0.131***		-0.506***
		(0.000)		(0.000)
$Nonstate$	0.111***	-0.105***	-0.132***	-0.373***
	(0.000)	(0.000)	(0.000)	(0.000)
$Nonstate \times \Delta Interest1$	**-0.364*****		0.024	
	(0.002)		(0.352)	
$Nonstate \times \Delta Interest2$		**-0.075*****		1.094***
		(0.000)		(0.000)
$ILev$			0.613***	1.046***
			(0.000)	(0.000)
$\Delta Interest1 \times ILev$			-0.018	
			(0.754)	
$\Delta Interest2 \times ILev$				0.083***
				(0.000)
$Nonstate \times ILev$			0.153***	-0.112***
			(0.000)	(0.000)
$Nonstate \times \Delta Interest1 \times ILev$			**-1.378*****	
			(0.000)	
$Nonstate \times \Delta Interest2 \times ILev$				**-1.409*****
				(0.000)
$Size_{t-1}$	-0.062***	-0.067***	0.040***	0.036***
	(0.000)	(0.000)	(0.000)	(0.000)

续表

	(1)	(2)	(3)	(4)
	Dependent Variables: 过度负债		Dependent Variables: 资本结构调整速度	
$Growt_{t-1}$	0.016***	0.016***	0.029***	0.022***
	(0.000)	(0.000)	(0.000)	(0.000)
$Tang_{t-1}$	0.253***	0.280***	-0.097***	-0.104***
	(0.000)	(0.000)	(0.000)	(0.000)
$Ndts_{t-1}$	-1.721***	-1.959***	0.049	-0.045
	(0.000)	(0.000)	(0.681)	(0.724)
Roa_{t-1}	-0.047	-0.051	-1.156***	-0.891***
	(0.241)	(0.225)	(0.000)	(0.000)
$Ind\_median\_ILev_{t-1}$	0.699***	0.581***	-0.920***	-0.908***
	(0.000)	(0.000)	(0.000)	(0.000)
_cons	0.495***	0.682***	-0.375***	0.858***
	(0.000)	(0.000)	(0.000)	(0.000)
行业效应	控制	控制	控制	控制
Adj. R^2	0.216	0.180	0.870	0.885
F Value	197.694	158.308	4210.127	4836.545
N	20 744	20 744	20 724	20 724

注：表中括号内为经公司与年度层面 Cluster 之后的 P 值；***、**、* 分别表示在 1%、5%、10% 统计意义上显著。

第二，使用利率市场化指数对研究假设 H4.3 进行稳健性测试，其中因变量为长期借款占比表示的债务期限结构，检验结果见表 4-12。可以发现，利率市场化指数均显著为正，且产权性质与利率市场化指数交互项系数也显著为正，这表明随着利率市场化进程的加深，非国有企业获得了更多的长期借款，进一步验证了研究假设 H4.3。

表 4-12　放松利率管制与债务期限结构（稳健性检验）

	（1）	（2）	（3）	（4）
	\multicolumn{4}{c}{Dependent Variables：债务期限结构}			
$\Delta Interest1$	**0.042*****		-0.184*	
	（**0.006**）		(0.079)	
$\Delta Interest2$		**0.013***		-0.013
		（**0.074**）		(0.185)
$Nonstate$			-0.003	0.005
			(0.772)	(0.544)
$Nonstate \times \Delta Interest1$			**0.302****	
			（**0.023**）	
$Nonstate \times \Delta Interest2$				**0.029****
				（**0.028**）
$Size_{t-1}$	0.061***	0.063***	0.062***	0.062***
	(0.000)	(0.000)	(0.000)	(0.000)
$Growt_{t-1}$	-0.001	-0.002	-0.002	-0.002
	(0.801)	(0.606)	(0.571)	(0.601)
$Tang_{t-1}$	0.278***	0.268***	0.266***	0.265***
	(0.000)	(0.000)	(0.000)	(0.000)
$Ndts_{t-1}$	-1.118***	-1.086***	-1.191***	-1.185***
	(0.002)	(0.003)	(0.002)	(0.002)
Roa_{t-1}	0.239***	0.239***	0.253***	0.253***
	(0.000)	(0.000)	(0.000)	(0.000)
$Ind\_median\_ILev_{t-1}$	0.285***	0.259***	0.261***	0.265***
	(0.000)	(0.000)	(0.000)	(0.000)
$\_cons$	-1.321***	-1.307***	-1.307***	-1.315***
	(0.000)	(0.000)	(0.000)	(0.000)
行业效应	控制	控制	控制	控制

续表

	（1）	（2）	（3）	（4）
	Dependent Variables：债务期限结构			
$Adj. R^2$	0.234	0.234	0.241	0.241
$F\ Value$	237.10	236.89	205.197	205.167
N	20 825	20 825	20 825	20 825

注：表中括号内为经公司与年度层面 Cluster 之后的 P 值；***、**、* 分别表示在 1%、5%、10%统计意义上显著。

第三，在使用利率市场化指数时，因与解释变量完全共线性而无法通过设定年度虚拟变量来控制年度效应，为此本书借鉴张路等（2014）理论，设置年度连续变量，即使用 Year 等于当年减去样本起始年份（2000年）来捕捉年度效应，对本章主检验进行稳健性测试。测试结果见表4-13 和表4-14，可以发现本章主要研究结论并未发生实质性改变。

表4-13 利率市场化指数、过度负债与资本结构调整（控制年度效应）

	（1）	（2）	（3）	（4）
	Dependent Variables：过度负债		*Dependent Variables*：资本结构调整速度	
*Interest*1	**−0.261*****		-3.410***	
	(0.000)		(0.000)	
*Interest*2		**−0.010*****		−0.596***
		(0.000)		(0.000)
ILev			1.833***	0.462***
			(0.000)	(0.000)
*Interest*1×*ILlev*			**−0.136*****	
			(0.000)	

续表

	（1）	（2）	（3）	（4）
	Dependent Variables: 过度负债		Dependent Variables: 资本结构调整速度	
$Interest2 \times ILev$				**-0.059***
				(0.000)
$Size_{t-1}$	-0.007***	-0.002	0.003***	-0.002***
	(0.003)	(0.274)	(0.000)	(0.000)
$Growt_{t-1}$	-0.005**	-0.005**	0.006***	0.002***
	(0.037)	(0.015)	(0.000)	(0.002)
$Tang_{t-1}$	0.021	-0.026	-0.014***	-0.003
	(0.330)	(0.217)	(0.000)	(0.139)
$Ndts_{t-1}$	-1.045***	-0.535**	-0.061	0.062***
	(0.000)	(0.012)	(0.141)	(0.007)
Roa_{t-1}	-0.028	0.024	-0.449***	-0.028***
	(0.349)	(0.379)	(0.000)	(0.000)
$Ind\_median\_ILev_{t-1}$	-0.592***	-0.427***	0.020**	-0.024***
	(0.000)	(0.000)	(0.022)	(0.000)
$Year$	-0.003***	-0.062***	0.074***	0.002***
	(0.000)	(0.000)	(0.000)	(0.000)
$\_cons$	0.254***	0.335***	0.996***	1.339***
	(0.000)	(0.000)	(0.000)	(0.000)
行业效应	控制	控制	控制	控制
$Adj. R^2$	0.592	0.683	0.991	0.993
$F\ Value$	1076.06	1600.06	79832.55	92631.33
N	20 759	20 759	20 739	20 739

注：表中括号内为经公司与年度层面 Cluster 之后的 P 值；***、**、* 分别表示在1%、5%、10%统计意义上显著。

表 4-14 利率市场化指数与债务期限结构（控制年度效应）

	（1）	（2）
	Dependent Variables：债务期限结构	
$\Delta Interest1$	**0.321***	
	(0.000)	
$\Delta Interest2$		**0.033***
		(0.000)
$Size_{t-1}$	0.061***	0.061***
	(0.000)	(0.000)
$Growt_{t-1}$	−0.001	−0.002
	(0.883)	(0.684)
$Tang_{t-1}$	0.276***	0.279***
	(0.000)	(0.000)
$Ndts_{t-1}$	−1.088***	−1.151***
	(0.003)	(0.002)
Roa_{t-1}	0.240***	0.237***
	(0.000)	(0.000)
$Ind\_median\_ILev_{t-1}$	0.297***	0.273***
	(0.000)	(0.000)
$Year$	−0.009***	0.002**
	(0.000)	(0.023)
$\_cons$	−1.375***	−1.254***
	(0.000)	(0.000)
行业效应	控制	控制
$Adj. R^2$	0.235	0.235
$F\ Value$	229.23	229.06
N	20 825	20 825

注：表中括号内为经公司与年度层面 Cluster 之后的 P 值；***、**、* 分别表示在 1%、5%、10% 统计意义上显著。

4.5　本章小结

利率市场化改革作为我国要素市场化改革的重要一步，其对消除信贷市场摩擦、提高企业融资灵活性、改善信贷资源配置效率具有非常重要的意义。资本结构的选择及其调整速度对公司成长具有战略意义，而信贷市场摩擦程度及信贷资源配置方式对资本结构选择及其调整速度具有非常重要的影响。为此，本章使用 2000—2015 年我国 A 股上市公司非金融类企业为研究样本，实证检验了利率市场化进程对企业过度负债及资本结构调整速度的影响。在控制内生性后检验结果显示：利率市场化不仅显著抑制了企业过度负债，加快了资本结构调整速度，而且进一步提高了企业债务期限结构。进一步检验还发现，利率市场化显著抑制了企业短贷长投行为，降低了企业现金与现金流敏感性。研究结果表明，利率市场化的推进显著改善了非国有企业融资环境与融资灵活性，对改善我国信贷资源配置效率具有重要的意义。

5 利率市场化对实体企业投资效率的影响

5.1 问题的提出

一直以来,我国经济增长存在效率不高的问题。杠杆过高的企业往往因其享有低廉的信贷资源而进行过度投资,而实体企业长期的过度投资会导致产能过剩。在银行借贷主导我国企业资金来源时,特别是中小企业、民营企业面临融资贵、融资难的问题,种种融资约束造成中小企业或民营企业即使有好的投资机会,也无法进行投资,导致投资不足。不论是投资不足还是过度投资都不利于提高企业的投资效率,其原因是我国金融体系和金融市场发展的不完全和不成熟。在我国要素市场改革相对滞后的背景下,以利率为代表的资本要素价格机制并没有完全形成,致使信贷资源存在严重错配,加剧了我国实体企业投融资效率双低对宏观经济的不利影响。已有文献研究发现,在放松利率管制的情况下,市场能通过市场利率的波动来使收益与风险达到均衡,调节资金的供需状况,企业在市场中融资环境与融资约束,也随着市场利率的波动而改变。然而目前在理论研究中,较少有权威文献从实证视角评估我国逐步放松利率管制并不断渐进式推进利率市场化改革如何影响企业投资效率问题。

5.2 研究假设

根据"金融抑制理论"和"金融深化理论"可知,在利率管制时期,政府出于稳定金融市场目的,会对存贷款利率上下限进行限制,此时利率不能反映资本的稀缺性,特别是贷款利率的上限控制使得我国一部分企业(国有企业)可以通过低成本的方式获得大量资金,同时另一部分企业(非国有企业)即使能够承担更高债务融资成本也无法获得信贷支持,即所谓的信贷歧视,从而造成一部分企业会出现低资金成本的过度投资现象,而另一部分企业在融资约束的瓶颈下出现投资不足。

这种信贷歧视,使得我国国有与非国有这两类产权属性不同的企业在融资约束程度与投资效率方面均存在显著的差异。大量研究文献普遍表明,由于信贷歧视的存在,我国非国有企业相比国有企业面临更为严重的融资约束问题(陈耿,2015;程六兵和刘峰,2013)[1][2]。同时,大量文献研究也表明,在政府干预与政治激励,特别是在信贷歧视的影响下,国有企业存在严重的过度投资现象,而非国有企业则表现为明显的投资不足(李广子和刘力,2009;陆正飞等,2009;张敏,2010;黄健柏等,2015)[3][4][5][6]。因信贷歧视造成国有企业与非国有企业的非效

---

[1] 陈耿. 信贷歧视、金融发展与民营企业银行借款期限结构[J]. 会计研究,2015(4):40-46.

[2] 程六兵,刘峰. 银行监管与信贷歧视——从会计稳健性的视角[J]. 会计研究,2013(1):28-34.

[3] 李广子,刘力. 债务融资成本与民营信贷歧视[J]. 金融研究,2009(12):137-150.

[4] 陆正飞,祝继高,樊铮. 银根紧缩、信贷歧视与民营上市公司投资者利益损失[J]. 金融研究,2009,350(8):124-136.

[5] 张敏. 国有股权、公司业绩与投资行为[J]. 金融研究,2010(12):115-130.

[6] 黄健柏,徐震,徐珊. 土地价格扭曲、企业属性与过度投资——基于中国工业企业数据和城市地价数据的实证研究[J]. 中国工业经济,2015(3):57-69.

率投资方向不同,为本书考察利率市场化对企业非效率投资影响的横截面差异提供了很好的实验场所。

在利率的管制时期,金融机构无法要求具有高风险的民营企业支付更高的风险溢价。较高的经营风险与信息不对称问题,导致民营企业因借款风险与收益出现不匹配而难以获得银行贷款。但随着利率市场化进程的推进,存贷款利率的逐步放开,特别是贷款利率上限的放开,作为资本的价格利率不仅可以反映资本稀缺性,而且金融机构也可以根据贷款的项目风险,来确定更高的利率以弥补风险溢价,使得项目风险与项目收益进行匹配,有助于改变民营企业融资状况,如王东静和张祥建(2007)[1] 研究发现利率市场化显著缓解了非国有企业融资约束问题。据此,本书提出以下研究假设 H5.1:

研究假设 H5.1:利率市场化会显著抑制企业非效率投资。

企业投资的价值效应主要取决于非效率投资程度的高低,高效率的投资会带来更高的价值效应,相反投资决策的偏离最终会损害企业的价值(McConnel and Muscarella,1985)。如辛清泉等(2007)[2]、万良勇(2013)[3] 及金宇超等(2016)[4] 研究均发现,企业低效率的投资行为均会带来更低的企业价值。但企业次优投资决策对企业价值的损害可能因外部市场环境的不同而具有程度上的差异。

在无摩擦的市场条件下,企业投资价值效应与融资决策并没有关系(Modigliani and Miller,1958)[5]。然而,利率市场化的不完善增加了企

---

[1] 王东静,张祥建. 利率市场化、企业融资与金融机构信贷行为研究 [J]. 世界经济,2007(2):50-59.

[2] 辛清泉,郑国坚,杨德明. 企业集团、政府控制与投资效率 [J]. 金融研究,2007(10):123-142.

[3] 万良勇. 法治环境与企业投资效率——基于中国上市公司的实证研究 [J]. 金融研究,2013(12):154-166.

[4] 金宇超,靳庆鲁,宣扬. "不作为"或"急于表现":企业投资中的政治动机 [J]. 经济研究,2016,51(10):126-139.

[5] Modigliani F, Miller M H. *The cost of capital, corporation finance and the theory of investment* [J]. The American Economic Review,1958,48(3):261-297.

业融资决策的摩擦,致使企业低效率投资从而有损于公司价值。反之,随着利率市场化的进一步推进,通过调整利率使得资金成本与项目得到更好的匹配,有助于抑制企业非效率投资,王东静和张祥建(2007)[①]研究发现利率市场化改善了市场在资源配置中的作用,从而通过缓解企业融资约束与遏制过度资金需求来提高资本配置效率,最终提升了投资的价值效应。对此,本书提出研究假设 H5.2:

研究假设 H5.2:利率市场化水平显著促进了企业投资的价值效应。

5.3 研究设计

5.3.1 研究模型

在检验利率市场化对企业非效率投资的影响之前,首先需要对非效率投资进行测度,因此本书选择 Richardson (2006)[②]、Biddle 等(2009)[③]的模型作为测度模型,然后借鉴国内已有权威文献如申慧慧等(2012)[④]和万良勇(2013)[⑤]等理论对该模型进行必要修正,具体模型如下:

$$Invest_{it} = \beta_0 + \beta_1 \times Invest_{it-1} + \beta_2 \times Size_{it-1} + \beta_3 \times Lev_{it-1} + \beta_4 \times Growth_{it-1} + \beta_5 \times Lnage_{it-1} + \beta_6 \times Ret_{it-1} + \beta_7 \times CFO_{it-1} + \sum \beta_i Industry + \sum \beta_j Year + \varepsilon_{it} \qquad (5-1)$$

---

① 王东静,张祥建.利率市场化、企业融资与金融机构信贷行为研究 [J]. 世界经济,2007 (2):50-59.

② Richardson Scott. *Over-investment of free cash flow* [M]. Kluwer Academic Publishers-Plenum Publishers,2006:159-189.

③ Biddle Gary-C, Hilary Gilles, Verdi Rodrigo-S. *How Does Financial Reporting Quality Relate to Investment Efficiency?* [J]. Journal of Accounting and Economics,2009,48 (2):112-131.

④ 申慧慧,于鹏,吴联生.国有股权、环境不确定性与投资效率 [J]. 经济研究,2012 (7):114-127.

⑤ 万良勇.法治环境与企业投资效率——基于中国上市公司的实证研究 [J]. 金融研究,2013 (12):154-166.

上述式（5-1）中，因变量为企业当期投资规模（$Invest$），同时分别控制了上一期投资规模（$Invest_{it-1}$）、上一期公司规模（$Size_{it-1}$）、上一期财务杠杆（Lev_{it-1}）、上一年主营业务收入增长率（$Growth_{it-1}$）、企业年龄的自然对数（$Lnage_{it-1}$）、股票收益率（Ret_{it-1}）及经营活动净现金流（CFO_{it-1}），同时并分别控制了行业效应与年度效应，使用上述模型来估计企业当期最佳投资规模，然后使用实际投资规模减去最佳投资规模，即残差部分取绝对值表示企业非效率投资水平。

根据上述式（5-1）估算的残差项取绝对值表示企业非效率投资，其中残差项大于零表示过度投资，而小于零则表示投资不足。对研究假设H5.1进行检验，具体如下：

$$Abste_{it} = \alpha_0 + \alpha_1 \times Interest_{it} + \alpha_2 Nonstate + \alpha_3 \times Nonstate \times Interest_{it} + \beta_2 \times Indep_{it} + \beta_3 \times Board_{it} + \beta_4 \times Div_{it} + \beta_5 \times M\_share_{it} + \beta_6 \times Dual_{it} + \sum \beta_i Industry + \sum \beta_j Year + \varepsilon_{it} \quad (5-2)$$

上述模型中，$Abste$ 为被解释变量，表示企业当期投资效率，具体估算过程详见式（5-1）。

$Interest$ 则为本章重点关注的自变量，即利率市场化。根据前文研究背景介绍可知，我国利率市场化是一个缓慢渐进式的过程，其中2004年与2013年是最为关键的两个年份，2004年取消了贷款利率的上限，而2013年取消了贷款利率的下限。为此，本书借鉴马弘和郭于玮（2016）① 的理论，分别设置了取消贷款利率上限（$Imup$）与取消贷款利率下限（$Imdown$）两个指标来捕捉利率市场化，同时分别与产权性质（$Nonstate$，非国有企业取值为1，否则取值为0）进行交乘，来构造双重差分模型。之所以选择产权性质作为横截面差异，是因为在利率市场化之前，国有与非国有这两类企业由于存在信贷歧视，致使国有企业更容易获取银行贷款，而非国有企业普遍受到融资约束（Ge and Qiu，

---

① 马弘，郭于玮. 利率市场化与信贷歧视——基于2004年贷款利率改革的倍差法检验［J］. 经济研究，2016.

2007；陆正飞等，2009；李健和陈传明；2013）①②③，因此利率市场化后更有助于非国有企业获得资金。

根据研究假设 H5.1 可以知道，利率市场化与产权性质交互项系数是本章重点关注的系数，该系数显著为负，表示提高了民营企业投资效率，反之则降低了民营企业投资效率。本章还借鉴申慧慧等（2012）④、万良勇（2013）⑤ 等文献，在对投资效率进行回归时，分别控制了第一大股东持股比例（Firstshare）、实际控制人两权分离度（Seperation）、独立董事占比（Indep）、管理层持股比例（M_share）、董事会规模（Board）及董事长与CEO两职合一（Dual），同时控制了行业效应。由于在构造双重差分（DID）模型时，分别根据年度区间构造了利率市场化前后的虚拟变量，控制时间效应将会产生完全共线性，因此本书选择不控制时间效应。以上变量的具体定义，详见表 5-1 所示。

表 5-1　　利率市场化与投资效率模型变量定义表

变量类型	变量名称	变量具体定义
被解释变量	Invest	表示投资规模，使用现金流表中构建固定资产、无形资产等现金流的支出，并除以期末总资产
	Abste	表示非效率投资，基于 Richardson（2006）⑥ 模型估算的残差取绝对值作为非效率投资指标，未取绝对值时残差大于 0 表示过度投资，而残差小于 0 则表示投资不足

---

① Ge Y, Qiu J. *Financial Development, Bank Discrimination and Trade Credit* [J]. Journal of Banking and Finance, 2007 (31)：513-530.

② 陆正飞，祝继高，樊铮. 银根紧缩、信贷歧视与民营上市公司投资者利益损失 [J]. 金融研究, 2009, 350 (8)：124-136.

③ 李健，陈传明. 企业家政治关联、所有制与企业债务期限结构——基于转型经济制度背景的实证研究 [J]. 金融研究, 2013 (3)：157-169.

④ 申慧慧，于鹏，吴联生. 国有股权、环境不确定性与投资效率 [J]. 经济研究, 2012 (7)：114-127.

⑤ 万良勇. 法治环境与企业投资效率——基于中国上市公司的实证研究 [J]. 金融研究, 2013 (12)：154-166.

⑥ Richardson Scott. *Over-investment of Free Cash Flow* [M]. Kluwer Academic Publishers-Plenum Publishers, 2006：159-189.

续表

变量类型	变量名称	变量具体定义
解释变量	*Imup*	2004年开始取值为1,否则取值为0,表示中央银行放开贷款利率上限
	Imdown	2013年开始取值为1,否则取值为0,表示中央银行放开贷款利率下限
控制变量	*Nostate*	表示产权性质,根据实际控制人性质,当为非国有企业时,取值为1,否则取值为0,表示国有企业
	Firstshare	表示第一大股东持股比例,该值越大,表示第一大股东持股比例越高
	Seperation	表示实际控制人两权分离度,等于实际控制日的控制权与所有权之差
	Indep	表示独立董事占比,使用独立董事数量与董事规模之比
	Board	表示董事会规模,使用董事会董事数量取自然对数
	Div	表示股利支付率,使用股利占净收益的比重
	M_share	表示管理层持股比例,使用管理层持股量占总股数量之比
	Dual	表示两职合一,当董事长与总经理两职合一时取值为1,否则取值为0
	Ind_dummy	表示行业虚拟变量,当为该行业时取值为1,否则取值为0,以控制行业效应
	Year_dummy	表示年度虚拟变量,当为该年度时取值为1,否则取值为0,以控制年度效应

5.3.2 样本选择与数据来源

由于 CSMAR 数据库自 2003 年才开始披露独立董事等公司治理指标,因此本章以 2003—2015 年非金融类 A 股上市公司财务数据作为研究样本。但在估计企业最佳投资规模时,需要使用上一期相关数据,因此实际样本中还使用了 2002 年上市公司财务数据。对原始数据剔除金融类上市公司、产权性质缺失或不明确的和其他观测值数据缺失的样本后，共获得 17122 个有效样本。为了降低异常值对回归结果的影响，本书针对所有连续变量进行了 1%分位数和 99%分位数的缩尾处理（Winsorize 处理）。

5.3.3 描述性统计

本章主要变量的描述性统计见表 5-2。回归样本观测值为 17122 个，其中投资效率的均值大于中位数，另根据样本中投资规模的平均值来看，非效率投资为 2.7%，表明我国非效率投资问题较为严重。产权性质（*Nostate*，非国有企业）均值为 0.463，表明样本观测值中 46.3%为非国有企业样本，这与目前多数文献的表述基本一致。实际控制人两权分离度中位数为 0，表明约超过一半的企业不存在两权分离。第一大股东平均持股比例为 36.1%，独立董事占比与董事会规模均呈现正态分布，股利支付率均值为 22.7%，表明样本中 22.7%的年度企业支付了股利，管理层持股（*M_share*）占 6.6%，两职合一的样本占 18.9%。

表 5-2　利率市场化与投资效率模型主要变量描述性统计

变量名称	样本量	均值	标准误	Q1	Q2	Q3
Abste	17 122	0.027	0.028	0.009	0.019	0.034
Nostate	17 122	0.463	0.499	0	0	1
Seperation	17 122	0.055	0.080	0.000	0.000	0.104
Firstshare	17 122	0.361	0.154	0.238	0.338	0.474
Indep	17 122	0.365	0.052	0.333	0.333	0.385
Board	17 122	2.180	0.202	2.079	2.197	2.197
Div	17 122	0.227	0.294	0	0.144	0.338
M_share	17 122	0.066	0.154	0	0.000	0.006
Dual	17 122	0.189	0.392	0	0	0

5.4 实证结果

5.4.1 初步检验

表 5-3 报告了研究假设 H5.1 的结果，表明利率市场化进程会显著提升企业投资效率。根据双重差分（DID）模型，本书主要关注交互项系数。其结果显示：取消贷款利率上限与非国有企业交互项（Nostate×Imup）系数均显著为负，取消贷款利率下限与非国有企业交互项（Nostate×Imdown）系数均不显著，而无论是取消贷款利率上限（Imup）还是下限（Imdown）单项系数均显著为负。这表明，取消贷款利率上限显著抑制了企业非效率投资，特别是显著抑制了非国有企业非效率投资，但取消贷款利率下限则无显著作用，取消贷款利率上下限对企业非效率投资的影响呈现非对称性。

这是因为，取消贷款利率上限后，商业银行可以通过针对企业不同投资项目的风险来调整利率水平，从而不仅有助于消除信贷歧视，实现非国有企业与国有企业平等融资机会，而且有助于非国有企业融得更多资金，投资更多的高风险投资项目。此举支持了研究假设的推理，即利率市场化通过完善资本价格形成机制，同时通过利率来调节资本的供求平衡，最终抑制了企业非效率投资。控制变量显示：董事会规模与两职合一促进了企业投资效率的提升，而管理层持股则显著抑制了企业投资效率的提升。

表 5-3　　　　　　　利率市场化与非效率投资

	(1)	(2)	(3)
	因变量：非效率投资		
Imup	-0.006***		-0.003***
	(0.001)		(0.001)

续表

	(1)	(2)	(3)
	因变量：非效率投资		
Nostate	0.005***	0.002*	0.005***
	(0.000)	(0.001)	(0.000)
Nostate×Imup	**−0.003***		**−0.004***
	(0.000)		**(0.000)**
Imdown		−0.009***	−0.009***
		(0.001)	(0.001)
Nostate×Imdown		**0.001**	**0.001**
		(0.001)	**(0.001)**
Seperation	−0.003	−0.005*	−0.004
	(0.003)	(0.003)	(0.003)
Firstshare	0.003	0.003	0.003
	(0.002)	(0.002)	(0.002)
Indep	−0.007	−0.004	−0.003
	(0.006)	(0.006)	(0.005)
Manager_share	0.003	0.006***	0.006***
	(0.003)	(0.002)	(0.002)
Lnboard	0.001	0.000	0.000
	(0.001)	(0.001)	(0.001)
Dual	−0.001	−0.001	−0.001
	(0.001)	(0.001)	(0.001)
Div	−0.001	−0.001	−0.001
	(0.001)	(0.001)	(0.001)
_cons	0.034***	0.032***	0.035***
	(0.004)	(0.004)	(0.005)
行业效应	控制	控制	控制
Adj. R^2	0.035	0.049	0.050

续表

	（1）	（2）	（3）
	因变量：非效率投资		
F	25.464	37.854	35.913
N	17 122	17 122	17 122

注：表中括号内为经公司与年度双维度 Cluster 之后的标准误；***、**、* 分别表示在 1%、5%、10% 统计意义上显著。

借鉴金宇超等（2016）[①]、李焰等（2011）[②] 及万良勇（2013）[③] 理论，本书使用下一期 Tobin's Q 的自然对数作为因变量来表示公司价值，为了使研究结论更加稳健，在计算托宾 Q 值时关于非流通股本书使用了两种方法进行估算，即 Tqa =（流通股市值+净资产+账面价值）/总资产账面价值，Tqb =（流通股市值+非流通股市值+账面价值）/总资产账面价值，其中非流通股市值等于非流通股数乘以流通股价格。将利率市场化与产权性质交互项构造双重差分模型，然后与当期投资规模进行交乘，来捕捉利率市场化对投资价值效应的影响，即检验研究假设 H5.2。具体模型如下：

$$Lntq_{it+1} = \beta_0 + \beta_1 \times Invest_{it} + \beta_2 \times Nostate_{it} + \beta_3 \times Imup_{it} + \beta_4 \times Imdown_{it} + \beta_5 \times Nostate_{it} \times Invest_{it} + \beta_6 \times Imup_{it} \times Invest_{it} + \beta_7 \times Invest_{it} \times Imdown_{it} + \beta_8 \times Nostate_{it} \times Imup_{it} + \beta_9 \times Nostate_{it} \times Imdown_{it} + \beta_{10} \times Nostate_{it} \times Imup_{it} \times Invest_{it} + \beta_{11} \times Nostate_{it} \times Imdown_{it} \times Invest_{it} + \sum \beta_i \times x_i + \varepsilon_{it} \quad (5\text{-}3)$$

[①] 金宇超，靳庆鲁，宣扬．"不作为"或"急于表现"：企业投资中的政治动机 [J]．经济研究，2016，51（10）：126-139．

[②] 李焰，秦义虎，张肖飞．企业产权、管理者背景特征与投资效率 [J]．管理世界，2011（1）：135-144．

[③] 万良勇．法治环境与企业投资效率——基于中国上市公司的实证研究 [J]．金融研究，2013（12）：154-166．

根据研究假设 H5.2，上述模型中 β_{10} 和 β_{11} 为主要检验系数，分别表示中国人民银行取消贷款上下限的利率市场化如何影响投资的价值效应，若其显著为正，表明利率市场化会显著提升企业投资的价值效率。同时，本书还分别控制了企业规模（$Size$）、财务杠杆率（Lev）、当期主营业务收入增长率（$Growth$）、经营净现金流（CFO）、当期资产利润率（ROA）、企业年龄的自然对数（$Lnage$）、独立董事占比（$Indep$）及管理层持股比例（$Manager\_share$），其检验结果见表5-4，其中利率市场化沿用式（5-2）中中国人民银行取消贷款利率上下限与产权性质的交互项构造的双重差分模型来表示。

表5-4　　　　产权性质、利率市场化与投资价值效应

	(1)	(2)
	因变量：托宾 Q 值的自然对数	
	$Lntqa_{t+1}$	$Lntqb_{t+1}$
$Invest$	-0.496*	-0.276*
	(0.262)	(0.165)
$Nostate$	0.151**	0.090**
	(0.066)	(0.039)
$Imup$	-0.027	0.019
	(0.029)	(0.017)
$Imdown$	-0.005	0.011
	(0.026)	(0.016)
$Nostate \times Invest$	-1.558***	-0.876**
	(0.585)	(0.351)
$Nostate \times Imup$	0.080	0.045
	(0.069)	(0.041)
$Imup \times Invest$	-0.904***	-0.490***
	(0.292)	(0.180)

续表

	(1)	(2)
	因变量：托宾 Q 值的自然对数	
	$Lntqa_{t+1}$	$Lntqb_{t+1}$
$Nostate×Imup×Invest$	**1.640** ***	**0.855** **
	(0.621)	**(0.374)**
$Nostate×Imdown$	0.216 ***	0.180 ***
	(0.035)	(0.023)
$Imdown×Invest$	0.246	0.208
	(0.357)	(0.211)
$Nostate×Imdown×Invest$	**0.116**	**−0.252**
	(0.441)	**(0.278)**
控制变量	控制	控制
_cons	0.379 ***	0.831 ***
	(0.052)	(0.033)
行业效应	控制	控制
$Adj. R^2$	0.283	0.259
F Value	360.362	310.181
N	19 115	19 115

注：表中括号内为经公司与年度双维度 Cluster 之后的标准误；***、**、* 分别表示在 1%、5%、10%统计意义上显著。

检验结果显示：利率市场化（取消贷款利率上限）、产权性质与投资规模的交互项（$Nostate×Imup×Invest$）系数显著为正，而利率市场化（取消贷款利率下限）、产权性质与投资规模的交互项（$Nostate×Imdown×Invest$）系数则不显著。该结果表明取消贷款利率上限的利率市场化显著提升了投资的价值效应，而取消贷款利率下限的利率市场化则没有显著性作用，这与前文表 5-3 研究结论，即抑制非效率投资结果一致。

5.4.2 进一步检验

根据 Richardson（2006）[①] 模型，非效率投资可以分为过度投资与投资不足两种类型，为了进一步考察利率市场化究竟是抑制了过度投资还是投资不足，本章分别将过度投资与投资不足的绝对值作为因变量，对研究假设 H5.1 进行重新检验，其结果见表 5-5。可以发现，$Nostate \times Imup$ 系数均显著为负，而 $Nostate \times Imdown$ 系数则不显著，这表明取消贷款利率上限的市场化行为不仅显著抑制了过度投资行为，而且显著抑制了企业投资不足，从而进一步支持了研究假设 H5.1 的推理。

表 5-5　　利率市场化、过度投资与投资不足

	(1)	(2)
	因变量：非效率投资	
	过度投资	投资不足
$Imup$	0.000	−0.005***
	(0.001)	(0.000)
$Nostate$	0.010***	0.001***
	(0.001)	(0.000)
$Nostate \times Imup$	**−0.009*****	**−0.001****
	(0.001)	**(0.000)**
$Imdown$	−0.014***	−0.007***
	(0.003)	(0.001)
$Nostate \times Imdown$	**0.003**	**0.002***
	(0.002)	**(0.001)**

[①] Richardson Scott. *Over-investment of free cash flow* [M]. Kluwer Academic Publishers-Plenum Publishers，2006：159-189.

续表

	(1)	(2)
	因变量：非效率投资	
	过度投资	投资不足
Seperation	−0.007	−0.000
	(0.005)	(0.003)
Firstshare	0.002	0.004**
	(0.004)	(0.002)
Indep	−0.010	−0.006
	(0.012)	(0.004)
Manager_share	0.004	0.008***
	(0.003)	(0.002)
Lnboard	0.001	0.001
	(0.003)	(0.001)
Dual	−0.002	−0.000
	(0.001)	(0.000)
Div	−0.002	0.001
	(0.001)	(0.001)
_*cons*	0.044***	0.028***
	(0.008)	(0.004)
行业效应	控制	控制
Adj. R^2	0.019	0.023
F Value	13.883	26.669
N	6 449	10 673

注：表中括号内为经公司与年度双维度 Cluster 之后的标准误；***、**、* 分别表示在1%、5%、10%统计意义上显著。

处于转型经济阶段的中国，地区市场化发展程度的不平衡是我国企业面临的重要制度环境。很显然，地区市场化与利率市场化之间可能存

5 利率市场化对实体企业投资效率的影响

在"替代"与"互补"两种关系。具体来说,当位于市场化进程越高的地区,利率市场化对非效率投资的抑制效应越显著,那么两者呈现一种"互补"关系,这是因为市场化进程高的地区,要素市场更加发达,银行受到来自政府的干预程度更低,市场化机制更加成熟,从而更有助于市场化利率发挥作用。反过来,当位于市场化进程越低的地区,利率市场化对非效率投资的抑制效应越显著,那么两者呈现一种"替代"关系,这可能源于在产品市场与要素市场发育不成熟的条件下,利率市场化的推进可能显得更为重要。

为此,本书使用樊纲等(2015)① 披露的各地区市场化进程指数,并按照中位数进行分组检验,同时还设置了市场化进程虚拟变量($Market$,大于中位数取值为 1,小于中位数则取值为 0),然后与产权性质、利率市场化等指标进行交互进行全样本检验。由于目前公开数据只披露到 2014 年,因此 2015 年数据使用 2014 年数据来代替,具体检验结果见表 5-6,其中利率市场化沿用式(5-2)中中国人民银行取消贷款利率上下限与产权性质的交互项构造的双重差分模型来表示。

表 5-6　　地区市场化进程、利率市场化与非效率投资

	(1)	(2)	(3)
	因变量:非效率投资		
	市场化进程低	市场化进程高	全样本
$Imup$	−0.004***	−0.003***	−0.004***
	(0.001)	(0.001)	(0.001)
$Nostate$	0.004	0.007***	0.005***
	(0.005)	(0.001)	(0.000)
$Nostate×Imup$	**−0.002*****	**−0.005*****	**−0.003****
	(0.001)	**(0.001)**	**(0.001)**

---

① 樊纲,王小鲁,朱恒鹏. 中国市场化指数——各地区市场化相对进程 2015 年报告 [M]. 北京:经济科学出版社,2015.

续表

	(1)	(2)	(3)
	因变量：非效率投资		
	市场化进程低	市场化进程高	全样本
$Imdown$	−0.010***	−0.009***	−0.010***
	(0.002)	(0.002)	(0.001)
$Nostate×Imdown$	**0.004****	**0.003****	**0.003****
	(0.001)	**(0.001)**	**(0.001)**
$Market$			−0.002***
			(0.000)
$Imup×Market$			0.001
			(0.001)
$Nostate×Market$			0.002***
			(0.000)
$Nostate×Imup×Market$			**−0.002***
			(0.001)
$Imdown×Market$			0.001
			(0.001)
$Nostate×Imdown×Market$			**0.000**
			(0.001)
控制变量	控制	控制	控制
_cons	0.033***	0.034***	0.035***
	(0.007)	(0.009)	(0.003)
行业效应	控制	控制	控制
$Adj. R^2$	0.046	0.053	0.050
$F\ Value$	16.021	20.882	24.630
N	8 301	8 821	17 122

注：表中括号内为经公司与年度双维度 Cluster 之后的标准误；***、**、* 分别表示在 1%、5%、10%统计意义上显著。

检验结果显示：分组检验中，取消上限的利率市场化与产权性质的交互项（Nostate×Imup）系数在市场化进程高组中显著为负，而取消下限的利率市场化与产权性质的交互项（Nostate×Imdown）系数显著为正，市场化进程、产权性质与利率市场化（取消上限）的交互项（Nostate×Imup×Market）显著为负，而市场化进程、产权性质与利率市场化（取消下限）的交互项（Nostate×Imdown×Market）则不显著。综合以上结果表明，位于市场化进程高的地区，取消上限的利率市场化对非效率投资的抑制效应更显著，表现为一种"互补关系"，而取消下限的利率市场化则无显著差异。

已有文献研究发现致使国有企业非效率投资，特别是过度投资严重的原因除了来自政府干预与政治晋升等因素外，更便利地获得银行贷款则是另一重要原因。那么利率市场化进程的推进是否降低了企业债务融资，特别是企业的过度债务融资呢？为此，借鉴 Harford 等（2009）①、Denis and Mckeon（2012）② 及陆正飞等（2005）③ 理论，本书使用以下模型估算激进性负债，回归模型如下：

$$Lev_t = \beta_0 + \beta_1 \times Ownership_{t-1} + \beta_2 \times ROA_{t-1} + \beta_3 \times Indlev_{t-1} + \beta_4 \times Agrowth_{t-1} + \beta_5 \times Tang_{t-1} + \beta_6 \times Size_{t-1} + \beta_7 \times Firstshare_{t-1} + \varepsilon_{it} \tag{5-4}$$

基于以上模型分年度进行 Tobit 回归估计企业目标负债率，然后使用实际负债率减去目标负债率得到企业激进性负债率。上述模型中，Lev 为资产负债率，Ownership 为产权性质，ROA 为资产净利润率，Indlev 为行业负债率的中位数，Tang 为固定资产占比，Size 为总资产的自

---

① Harford J, Klasa S, Walcott N. Do Firms Have Leverage Targets? Evidence From Acquisitions [J]. Journal of Financial Economics, 2009, 93 (1): 1-14.

② Denis D J, Mckeon S B. Debt Financing and Financial Flexibility Evidence From Proactive Leverage Increases [J]. The Review of Financial Studies, 2012, 25 (6): 1897-1929.

③ 陆正飞, 童盼. 负债融资、负债来源与企业投资行为——来自中国上市公司的经验证据 [J]. 经济研究, 2005 (5): 75-84.

然对数，*Firstshare* 为第一大股东持股比例。

然后将上述模型估计的激进性负债率对利率市场化进程回归，并检验不同产权属性下利率市场化对激进性负债的影响，具体检验结果见表5-7，其中利率市场化沿用式（5-2）中中国人民银行取消贷款利率上下限与产权性质的交互项构造的双重差分模型来表示。研究发现：取消上限的利率市场化与产权性质的交互项（*Nostate×Imup*）系数显著为负，而取消下限的利率市场化与产权性质的交互项（*Nostate×Imdown*）系数显著为正。这表明取消上限的利率市场化有助于降低企业的过度负债，但取消下限的利率市场化则提升了企业的过度负债，从而证实了利率市场化抑制非效率投资的具体作用机理。

企业投资效率的提升，不仅表现为抑制了非效率投资，即抑制过度投资或缓解投资不足，同时还表现为投资与投资机会敏感性的提升（余明桂等，2013；靳庆鲁等，2015；金宇超等，2016）①②③。因此，如果利率市场化抑制非效率投资的理论逻辑成立，那么随着利率市场化进程的推进，企业投资与投资机会之间的敏感性会显著提升。为了使研究结论更加稳健，本书分别使用了上一期主营业务收入增长率（李青原和王红建，2013）④ 与托宾 Q 值（辛清泉等，2007；喻坤等，2014）⑤⑥ 来表示企业面临的投资机会，其中托宾 Q 值使用前文的

---

① 余明桂，李文贵，潘红波. 管理者过度自信与企业风险承担［J］. 金融研究，2013（1）：149-163.

② 靳庆鲁，侯青川，李刚，等. 放松卖空管制、公司投资决策与期权价值［J］. 经济研究，2015（10）：76-88.

③ 金宇超，靳庆鲁，宣扬."不作为"或"急于表现"：企业投资中的政治动机［J］. 经济研究，2016，51（10）：126-139.

④ 李青原，王红建. 货币政策、资产可抵押性、现金流与公司投资［J］. 金融研究，2013（6）：31-45.

⑤ 辛清泉，郑国坚，杨德明. 企业集团、政府控制与投资效率［J］. 金融研究，2007（10）：123-142.

⑥ 喻坤，李治国，张晓蓉，等. 企业投资效率之谜：融资约束假说与货币政策冲击［J］. 经济研究，2014（5）：106-120.

Tqa，然后与利率市场化（中央银行取消贷款利率上下限与产权性质的交互项）进行交乘后进行回归，其中利率市场化沿用式(5-2)中中国人民银行取消贷款利率上下限与产权性质的交互项构造的双重差分模型来表示，其具体检验结果见表5-8。

表5-7　　　　　产权性质、利率市场化与过度负债

	（1）	（2）
	因变量：过度负债	
$Imup$	-1.123***	-1.103***
	(0.125)	(0.142)
$Imdown$	-0.704***	-0.648***
	(0.129)	(0.136)
$Nostate$	0.173***	0.108***
	(0.008)	(0.010)
$Nostate \times Imup$	**-0.342***	**-0.254***
	(0.041)	**(0.036)**
$Nostate \times Imdown$	**0.170***	**0.128***
	(0.045)	**(0.034)**
CFO_{t-1}		0.241*
		(0.126)
$Lnsize_{t-1}$		-0.044**
		(0.019)
Roa_{t-1}		-0.485*
		(0.256)
$Lnage$		0.026
		(0.075)
Ret_{t-1}		-0.082***
		(0.023)

续表

	(1)	(2)
	因变量：过度负债	
Div		0.160***
		(0.056)
$Lnboard$		0.043***
		(0.015)
$\_cons$	0.509***	1.065***
	(0.029)	(0.294)
控制行业	控制	控制
Adj. R^2	0.578	0.634
F Value	2100.387	2170.623
N	19 494	19 494

注：表中括号内为经公司与年度双维度 Cluster 之后的标准误；***、**、* 分别表示在1%、5%、10%统计意义上显著。

检验结果显示：取消上限的利率市场化与投资机会的交互项（$Nostate×Imup×Growth_{t-1}$，$Nostate×Imup×Tbq_{t-1}$）均显著为正，而取消下限的利率市场化与投资机会的交互项（$Nostate×Imdown×Growth_{t-1}$，$Nostate×Imdown×Tbq_{t-1}$）系数则均不显著，这表明取消贷款上限的利率市场化显著增加了投资与投资机会的敏感性，进而支持了投资效率的提升，这与前文表5-3研究结论是一致的。

表5-8 利率市场化与非效率投资（基于投资—投资机会敏感性）

	(1)	(2)
	因变量：投资规模	
$Imup$	0.002	0.001
	(0.002)	(0.004)

续表

	(1)	(2)
	因变量：投资规模	
$Nostate$	0.008**	0.005
	(0.004)	(0.008)
$Nostate \times Imup$	-0.005	-0.005
	(0.004)	(0.008)
$Growth_{t-1}$	**0.002**	
	(0.002)	
$Imup \times Growth_{t-1}$	0.001	
	(0.003)	
$Nostate \times Growth_{t-1}$	0.010	
	(0.007)	
$Nostate \times Imup \times Growth_{t-1}$	**0.012***	
	(0.007)	
$Imdown$	-0.011***	-0.014***
	(0.001)	(0.002)
$Nostate \times Imdown$	0.005***	0.012***
	(0.002)	(0.003)
$Imdown \times Growth_{t-1}$	-0.003*	
	(0.002)	
$Nostate \times Imdown \times Growth_{t-1}$	**0.004**	
	(0.003)	
Tbq_{t-1}		**-0.000**
		(0.002)
$Imup \times Tbq_{t-1}$		-0.000
		(0.002)
$Nostate \times Tbq_{t-1}$		0.002
		(0.004)

续表

	（1）	（2）
	因变量：投资规模	
$Nostate \times Imup \times Tbq_{t-1}$		0.003***
		(0.001)
$Imdown \times Tbq_{t-1}$		0.002**
		(0.001)
$Nostate \times Imdown \times Tbq_{t-1}$		−0.001
		(0.004)
Control Variables	YES	YES
_cons	0.008	0.011
	(0.014)	(0.016)
行业效应	控制	控制
$Adj. R^2$	0.159	0.160
F Value	100.030	97.890
N	19 796	19 796

注：表中括号内为经公司与年度双维度 Cluster 之后的标准误；***、**、* 分别表示在1%、5%、10%统计意义上显著。

5.4.3 稳健性检验

为了使研究结论更加稳健，本书分别作如下稳健性检验：

第一，对本章关键变量利率市场化进程，借鉴顾海兵等（2013）[1]及李萍等（2016)[2] 的两种方法来测度我国年度利率市场化指标（连续变量），对本章主要研究结论进行稳健性检验，具体检验结果见表5-

---

[1] 顾海兵,夏梦,张安军. 1996—2010年中国利率市场化程度的测定 [J]. 价格理论与实践, 2013（2）：27-28.

[2] 李萍,冯梦黎. 利率市场化对我国经济增长质量的影响：一个新的解释思路 [J]. 经济评论, 2016（2）：74-84, 160.

9。检验结果显示：利率市场化显著抑制了非效率投资，不仅抑制了过度投资，而且缓解了投资不足，该研究结论与前文表 5-3 检验结果一致，证实了研究结论的稳健性。

表 5-9　利率市场化与非效率投资（权重法、合成法检验）

	(1)	(2)	(3)	(4)	(5)	(6)
	权重法			合成法		
	全样本	过度投资	投资不足	全样本	过度投资	投资不足
$Interest$	**−0.031*****	**−0.042*****	**−0.025*****	**−0.012*****	**−0.017*****	**−0.010*****
	(−16.96)	(−10.60)	(−15.99)	(−16.75)	(−10.58)	(−16.15)
$Indep$	0.000	0.000	−0.001	−0.005	−0.008	−0.005
	(0.03)	(0.02)	(−0.33)	(−1.12)	(−0.76)	(−1.34)
$Board$	−0.001	−0.003	−0.002**	−0.001	−0.003	−0.002**
	(−0.78)	(−1.17)	(−2.43)	(−0.66)	(−1.20)	(−2.21)
Div	−0.001	−0.003**	0.000	−0.000	−0.003*	0.000
	(−0.80)	(−2.06)	(0.51)	(−0.51)	(−1.81)	(0.71)
M_share	0.011***	0.009***	0.011***	0.011***	0.007**	0.010***
	(7.48)	(2.88)	(7.55)	(6.88)	(2.43)	(7.07)
$Dual$	−0.001**	−0.002	−0.001	−0.001**	−0.002*	−0.001
	(−2.51)	(−1.64)	(−1.15)	(−2.48)	(−1.71)	(−1.05)
$\_cons$	0.049***	0.070***	0.041***	0.062***	0.090***	0.052***
	(12.38)	(8.00)	(12.57)	(14.68)	(9.48)	(14.53)
Ind_dummy	YES	YES	YES	YES	YES	YES
Adj. R^2	0.049	0.044	0.080	0.048	0.043	0.077
F Value	39.926	15.710	37.679	40.016	16.505	38.913
N	17 118	6 452	10 666	17 118	6 452	10 666

注：表中括号内为经公司与年度双维度 Cluster 之后的标准误；***、**、* 分别表示在1%、5%、10%统计意义上显著。

第二，在估算投资效率时，使用托宾 Q 值替代主营业务收入增长率作为投资机会，重新估计企业非效率投资额度，对研究假设 H5.1 进行实证检验，检验结果见表 5-10，检验结果显示：利率市场化显著提升了投资效率，进一步支持了本章主要研究结论。

表 5-10　　利率市场化与非效率投资（稳健性检验）

	（1）	（2）	（3）
	因变量：非效率投资（基于托宾 Q 值表示投资机会）		
Imup	0.002		0.005***
	(0.002)		(0.001)
Nostate	0.005***	0.004***	0.006***
	(0.001)	(0.001)	(0.001)
Nostate×Imup	**−0.002***		**−0.002****
	(0.001)		**(0.001)**
Imdown		−0.010***	−0.010***
		(0.001)	(0.001)
Nostate×Imdown		**0.001**	**0.000**
		(0.001)	**(0.000)**
Seperation	−0.000	−0.001	−0.002
	(0.007)	(0.007)	(0.007)
Firstshare	0.007**	0.007**	0.007**
	(0.003)	(0.003)	(0.003)
Indep	−0.023***	−0.018**	−0.018***
	(0.007)	(0.007)	(0.007)
Manager_share	−0.006	−0.002	−0.002
	(0.004)	(0.004)	(0.004)
Lnboard	−0.006***	−0.008***	−0.008***
	(0.002)	(0.002)	(0.002)

续表

	(1)	(2)	(3)
	因变量：非效率投资（基于托宾Q值表示投资机会）		
Dual	−0.001	−0.001*	−0.001*
	(0.001)	(0.001)	(0.001)
Div	−0.006***	−0.005***	−0.005***
	(0.001)	(0.001)	(0.001)
_cons	0.072***	0.077***	0.073***
	(0.008)	(0.008)	(0.008)
行业效应	控制	控制	控制
Adj. R^2	0.026	0.033	0.033
F Value	482.313	427.337	379.335
N	17 402	17 402	17 402

注：表中括号内为经公司与年度双维度 Cluster 之后的标准误；***、**、* 分别表示在 1%、5%、10% 统计意义上显著。

5.5 本章小结

利率市场化改革作为我国经济市场化改革的重要组成部分，对改善我国资本配置效率具有重要意义。为避免系统性风险爆发，提高宏、微观信贷资源利用效率，以利率为代表的资本要素市场改革一直以一种渐进式改革予以推进。然而理论界较少有文献从实证研究角度出发进行利率市场化作用机理的研究，对我国利率市场化改革如何影响企业资本配置效率关注的并不多。本章使用 2003—2015 年中国非金融类上市公司为研究样本，研究我国利率市场化进程如何影响企业投资效率行为及其经济后果。实证结果发现：第一，利率市场化有助于增强企业投资与投资机会的敏感性，即提升了企业投资效率。第二，利率市场化对国有企业的过度投资行为的抑制作用显著。第三，利率市场化对提升公司投资价值效应的作用显著。进一步检验结果还发现利率市场化对投资效率的促进效应在地区市场化进程较低的地区更显著，表明两者呈现替代关系，而且还抑制了企业进行激进性负债的额度。该研究拓展了逐步放松利率管制和实行渐进式的利率市场化改革背景下企业投资效率的理论研究视野，同时对当前我国供给侧结构性改革去产能、去杠杆具有一定的借鉴意义。

6 利率市场化对实体企业投资结构选择的影响

6.1 问题的提出

实体企业"脱实向虚"是实体企业因为金融市场、房地产市场的高额利润率,而将原本应该用于生产经营性资源投入到金融市场,以追求高额回报,其本质是企业如何选择配置金融投资与实际投资,是实体企业投资结构选择的表征。本书采用狭义的企业投资结构的定义,即实际投资与金融投资之间的配比来研究实体企业"脱实向虚"问题。根据前文概念界定,对于实体企业"脱实向虚"现象,最为关注的部分是实体企业在金融市场中的投资行为。因此本章为了研究企业投资结构的选择问题,首先需要研究实体企业投资金融市场的动机,其次进一步探讨不同类型企业是否有其行为的差异性。

6.2 研究假设

综合已有文献可知,目前关于实体企业金融化动机的研究结论主要可以归结为两类,即资金储备的融资约束动机和追求超额回报率的市场套利动机,利率市场化进程的推进不仅能够消除信贷摩擦,改善实体企业外部融资环境,而且通过促进金融机构间竞争来促进实体企业与虚拟企业间利润率均等化,从而对实体企业金融化产生影响。因此,本章将从"融资约束"与"市场套利机制"这两个方面来分析利率管制放松对实体企业金融化的影响。

根据"金融抑制理论"和"金融深化理论",政府对贷款利率上下限直接管制会导致贷款实际利率水平远低于市场均衡水平,致使资金无法配置给信息成本和风险均较高的非国有企业,从而导致非国有企业普遍出现融资约束。放松利率管制特别是贷款利率上限管制可以通过利率补偿机制对非国有企业贷款风险进行补偿,从而有助于缓解其面临的融资约束问题(王红建等,2016)①。Harris 等(1994)②、Gelos and Werner(2002)③ 以及 Koo and Shin(2004)④ 分别基于印度尼西亚、墨西哥以及韩国的数据研究发现,利率市场化能够显著缓解企业面临的融资约束问题。王东静和张祥建(2007)⑤ 研究发现,贷款利率上限管制取消显著缓解了中小企业融资约束问题。马弘和郭于玮(2016)⑥ 基于我国贷款利率上限管制改革的自然实验,研究了利率市场化能够显著抑制民营企业在信贷市场的不利地位,缓解其面临的融资约束问题。

由于地区金融发展的不平衡,我国企业融资时普遍面临较高的外部市场摩擦和融资约束,而信贷歧视则进一步加剧了民营企业和中小规模企业的融资约束问题。因此,有部分文献研究认为,企业配置金融资产

---

① 王红建,李茫茫,汤泰劼. 实体企业跨行业套利的驱动因素及其对创新的影响 [J]. 中国工业经济,2016(11):73-89.

② Harris J R, Schiantarelli F, Siregar M G. *The Effect of Financial Liberalization on the Capital Structure and Investment Decisions of Indonesian Manufacturing Establishments* [J]. The World Bank Economic Review,1994,8(1):17-47.

③ Gelos R G, Werner A M. *Financial Liberalization, Credit Constraints, and Collateral: Investment in the Mexican Manufacturing Sector* [J]. Journal of Development Economics,2002,67(1):1-27.

④ Koo J, Shin S. *Financial Liberalization and Corporate Investments: Evidence From Korean Firm Data* [J]. Asian Economic Journal,2004,18(3):277-292.

⑤ 王东静,张祥建. 利率市场化、企业融资与金融机构信贷行为研究 [J]. 世界经济,2007(2):50-59.

⑥ 马弘,郭于玮. 利率市场化与信贷歧视——基于 2004 年贷款利率改革的倍差法检验 [J]. 经济研究,2016.

特别是交易性金融资产是一种资金储备行为，以应对外部融资环境紧缩的不利形势。如杨筝等（2017）研究发现，企业会在货币政策宽松期间增持交易性金融资产，以便在未来有效缓解企业的融资约束问题[①]。胡奕明等（2017）[②] 研究也发现企业配置金融资产的"预防储备动机"占据更为主导的地位。从融资约束机制来说，放松利率管制可以抑制基于资金储备动机的企业金融化行为，且王红建等（2016）研究认为，相比放松贷款利率下限管制，放松贷款利率上限更能缓解民营企业融资约束。因此，若放松贷款利率上限管制能够显著抑制实体企业金融化行为。

近年来，凭借行业垄断地位以及利率管制优势，我国金融业获得了制造业无法比拟的超额利润。王红建等（2016）[③]、胡奕明等（2017）研究表明，实体企业金融化的另一重要动机源于其追求金融行业凭借垄断地位获得的超额利润，而贷款利率管制特别是贷款利率下限管制的放松加剧了银行间的竞争程度，有助于破除银行业超额利润率。如 Sarr（2000）[④] 研究发现，金融自由化程度的加深会显著加剧银行与银行之间的竞争程度，使得银行利率降低，最终影响银行的利润率。Saunders and Schumacher（2000）[⑤] 则基于欧美等发达国家的跨国数据检验发现，金融自由化通过加剧银行竞争，显著降低了利率波动与银行利差。彭建

---

① 杨筝，刘放，王红建．企业交易性金融资产配置：资金储备还是投机行为？[J]．管理评论，2017（2）：13-25，34．

② 胡奕明，王雪婷，张瑾．金融资产配置动机："蓄水池"或"替代"？——来自中国上市公司的证据[J]．经济研究，2017（1）：181-194．

③ 王红建，李茫茫，汤泰劼．实体企业跨行业套利的驱动因素及其对创新的影响[J]．中国工业经济，2016（11）：73-89．

④ Sarr A. *Financial Liberalization, Bank Market Structure, and Financial Deepening-An Interest Margin Analysis* [J]. IMF Working Papers, 2000（38）：1-4.

⑤ Saunders A, Schumacher L. *The Determinants of Bank Interest Rate Margins: an International Study* [J]. Journal of International Money & Finance, 2000, 19（6）：813-832.

刚等（2016）[①]通过中国45家商业银行数据研究发现，利率市场化后期会显著缩小商业银行的利差，王欢和郭建强（2014）则基于中国16家上市银行数据得出了类似的研究结论[②]。

随着贷款利率管制的放开，特别是贷款利率下限的放开导致商业银行利差缩窄，致使金融行业利润率的下降，有助于推进金融行业与非金融行业间的利润率均等化，从而削弱了实体企业金融化的动机，有助于抑制实体企业金融化程度。因此，若贷款利率下限管制放松显著抑制了实体企业金融化，那么则支持实体企业金融化的"市场套利观"。

基于以上分析，本章拟提出以下研究假设：

研究假设H6.1a：若贷款利率上限管制放松有助于抑制实体企业金融化，则支持"融资约束观"；

研究假设H6.1b：若贷款利率下限管制放松有助于抑制实体企业金融化，则支持"市场套利观"。

6.3 研究设计

6.3.1 研究模型

为对研究假设H6.1a和H6.1b进行检验，本章拟采用如下模型对其进行多元回归：

$$Financialization_{it} = \beta_0 + \beta_1 Post2004_{it} + \beta_2 Nonstate_{it} + \beta_3 Nonstate_{it} \times Post2004_{it} + \beta_4 Post2013_{it} + \beta_5 Nonstate_{it} \times Post2013_{it} + \sum_{j+5}^{n} x_{it} + \varepsilon_{it} \quad (6-1)$$

[①] 彭建刚,王舒军,关天宇.利率市场化导致商业银行利差缩窄吗？——来自中国银行业的经验证据[J].金融研究,2016,433（7）:48-63.

[②] 王欢,郭建强.利率市场化、非利息收入与银行净利差[J].金融论坛,2014（8）:6-15,52.

上述式（6-1）中，$Financialization_{it}$ 为因变量，表示实体企业金融化，现有研究将"实体企业金融化行为"定义为实体企业利润更多地来自金融渠道而非生产贸易渠道（Krippner，2005）①，已有文献通常采用以下两种度量标准：金融渠道收益（投资收益/营业收入）和金融资产配置比例（金融资产/总资产），考虑到金融资产属于时点配置，不能反映全年实体企业金融化行为，因此本章选择具有期间意义的金融渠道投资收益来表示实体企业金融化，并分别使用年度营业收入（$Financialization$1）和期末总资产进行标准化（$Financialization$2）。当投资收益为负可能使得投资收益指标不能完全表示企业金融化程度，因此本章在主检验中剔除了投资收益为负的样本，而将未剔除投资收益为负的全样本予以稳健性检验。

在自变量的设计中，本章充分借鉴马弘和郭于玮（2016）②、杨筝等（2017）③ 和王红建等（2018）④ 研究，分别使用2004年取消贷款利率上限、2013年取消贷款利率下限与产权性质（非国有企业取值为1，否则为0）构建交互项来捕捉利率上下限放开对实体企业金融化的影响，其中$Post$2004表示贷款利率上限放开，即2004年及之后取值为1，否则取值为0；$Post$2013则表示贷款利率下限放开，即2013年之后取值为1，否则取值为0。根据研究假设，β_3 和 β_5 为待检验系数，若 β_3 显著为负，表示放松贷款利率上限管制抑制了实体企业金融化，证实了实体企业金融化的"融资约束观"；若 β_5 显著为负，则表示放松贷款利率下限管制抑制了实体企业金融化，证实了实

---

① Krippner G. The Financialization1 of the American Economy [J]. Socio-Economic Review, 2005, 3 (2): 173-208.
② 马弘，郭于玮. 利率市场化与信贷歧视——基于2004年贷款利率改革的倍差法检验 [J]. 经济研究, 2016.
③ 杨筝，刘放，王红建. 企业交易性金融资产配置：资金储备还是投机行为？[J]. 管理评论, 2017 (2): 13-25, 34.
④ 王红建，杨筝，阮刚铭，等. 放松利率管制、过度负债与债务期限结构 [J]. 金融研究, 2018, 452 (2): 104-121.

体企业金融化的"市场套利观"。

x_{it}为可能影响企业金融化投资决策的系列控制变量,包含公司规模（Lnsize）、资产负债率（Lev）、资产净利润率（ROA）、经营净现金流（CFO）、主营业务收入增长率（Growth）、资本投资规模（Invest）、经济增长率（GDP）以及经济政策不确定性指数（EPU），同时本章还分别列有行业效应和年度效应进行控制,变量具体定义详见表6-1。

表6-1 　利率市场化与实体企业金融化模型变量定义表

变量类型	变量名称	变量的具体定义
因变量	金融化（Financialization1）	金融渠道收益占营业收入比重,等于年度投资收益除以年度营业收入
	金融化（Financialization2）	金融渠道收益占期末总资产的比重,等于年度投资收益除以期末总资产
自变量	放开利率上限（Post2004）	当为2004年之后取值为1,否则为0
	放开利率下限（Post2013）	当为2013年之后取值为1,否则为0
	产权性质（Nonstate）	最终控制人为非国有企业时取值为1,否则为0
控制变量	公司规模（Lnsize）	等于期末总资产,取自然对数
	资产负债率（Lev）	等于期末总负债与期末总资产之比
	资产净利润率（ROA）	等于年净利润除以期末总资产
	经营净现金流（CFO）	等于期末经营现金流除以期末总资产
	主营业务收入增长率（Growth）	等于年营业收入减去上年营业收入后除以上年营业收入
	资本投资规模（Invest）	等于资本投资除以期末总资产
	经济增长率（GDP）	等于宏观经济的年度增长率乘以100

续表

变量类型	变量名称	变量的具体定义
控制变量	经济政策不确定性（EPU）	使用Baker等（2017）的经济政策不确定性指数，按照月度加权平均数为年度指数
	Ind_dummy	表示行业虚拟变量，当为该行业时取值为1，否则取值为0，以控制行业效应
	Year_dummy	表示年度虚拟变量，当为该年度时取值为1，否则取值为0，以控制年度效应

6.3.2 样本选择与数据来源

我国央行于2004年和2013年先后放开了贷款利率的上下限，为了延长样本区间，保持贷款利率放开事件前后的基本对称性，因此本章以2001—2015年非金融类A股上市公司财务数据作为研究样本。本章使用的财务报表数据主要来自CSMAR数据库，而产权性质主要来自CCER（色诺芬）数据库，宏观经济增长率来自国家统计局网站，债务成本和上市公司购买理财信息数据来自WIND数据库，经济政策不确定性指数则来源Baker等（2016）披露的指数①。首先对原始数据剔除金融类上市公司、产权性质缺失或不明确的和其他观测值数据缺失的样本，其次剔除投资收益小于0的样本，最终共获得16828个有效样本。为了降低异常值对回归结果的影响，本书针对所有连续变量进行了1%分位数和99%分位数的缩尾处理（Winsorize处理）。

6.3.3 描述性统计

本章主要变量的描述性统计见表6-2。其中A部分为模型1的描述

---

① 该指数主要来源网站：http://www.policyuncertainty.com/china_monthly.html。

性统计,B部分为后文模型2的描述性统计。因变量的描述性统计显示:金融渠道投资收益占营业收入比重均值为3.8%,接近制造业行业平均利润率,而最大值达到84.7%,而金融渠道投资收益占期末总资产比重均值为1.2%,最大值为13.9%,这说明投资金融资产获得的收益在整个实体企业利润中占据重要位置。自变量的描述性统计显示:$Post2004$ 均值为0.881,$Post2013$ 均值为0.335,表明88.1%的样本观测值位于贷款利率上限放松之后,33.5%的观测值位于贷款利率下限放松之后,其与产权性质(非国有企业)交互项($Nonstate \times Post2004$,$Nonstate \times Post2013$)的均值分别为0.407、0.197,表明约有40.7%的非国有企业样本位于放松利率上限管制之后,而约有19.7%的非国有企业样本位于放松贷款利率下限管制之后。控制变量规模分布与已有文献研究一致,表明本章样本选择具有一定的合理性。

表6-2 利率市场化与投资结构模型主要变量描述性统计

变量名称	样本量	均值	标准误	Q1	中位数	Q3
A部分,模型1的相关变量						
$Financialization1$	16 828	0.038	0.109	0.000	0.006	0.847
$Financialization2$	16 828	0.012	0.022	0.000	0.003	0.139
$Post2004$	16 828	0.881	0.324	0	1	1
$Post2013$	16 828	0.335	0.472	0	0	1
$Nonstate$	16 828	0.431	0.495	0	0	1
$Nonstate \times Post2004$	16 828	0.407	0.491	0	0	1
$Nonstate \times Post2013$	16 828	0.197	0.398	0	0	1
$Lnsize$	16 828	21.867	1.271	18.973	21.708	25.779
Lev	16 828	0.473	0.215	0.055	0.475	1.215
ROA	16 828	0.040	0.053	−0.172	0.035	0.206
CFO	16 828	0.045	0.078	−0.212	0.045	0.263
$Growth$	16 828	0.200	0.503	−0.680	0.129	3.540
$Invest$	16 828	0.056	0.054	0.000	0.040	0.268

续表

变量名称	样本量	均值	标准误	Q1	中位数	Q3
GDP	16 828	9.110	1.965	7.760	9.200	10.100
EPU	16 828	1.318	0.455	0.989	1.236	1.395
B部分，模型2的相关变量						
ROE	16 593	0.050	0.169	0.021	0.062	0.112
$Post2013$	16 593	0.024	0.019	0.010	0.020	0.034
$Post2004$	16 593	0.945	0.228	1	1	1
$Interest_{t-1}$	16 593	0.365	0.481	0	0	1
$Post2004 \times Interest_{t-1}$	16 593	0.008	0.016	0	0	0.011
$Post2013 \times Interest_{t-1}$	16 593	0.022	0.019	0.008	0.019	0.032
$Lnsize_{t-1}$	16 593	21.755	1.218	20.899	21.608	22.429
Lev_{t-1}	16 593	0.504	0.221	0.351	0.500	0.640
$Growth_{t-1}$	16 593	0.224	0.562	-0.006	0.136	0.312
Tbq_{t-1}	16 593	1.664	1.469	0.739	1.243	2.044
$Lnage_{t-1}$	16 593	2.614	0.385	2.398	2.639	2.890
Ret_{t-1}	16 593	0.235	0.747	-0.238	0.017	0.463
$Invest_{t-1}$	16 593	0.061	0.058	0.018	0.044	0.086

在模型B中，累计公司年度观测值为16593个，这是因为剔除了利息支出缺失的样本观测值，$Post2004$和$Post2013$分布特征与模型A基本一致，$Interest$为利息支出，表示利息占总债务的比重，均值为36.5%，表明我国企业平均具有非常高的利息支出，而$Post2004$与$Interest$，$Post2013$与$Interest$交互项均值分别为0.008、0.022，相对于$Intertest$ 0.365的均值下降不少，表明放松贷款利率管制确实显著降低了贷款利息支出。控制变量规模分布与已有文献研究一致，表明本章样本选择具有一定的合理性。

表6-3则为模型1和模型2变量的相关系数表。从中可以发现，除了$Post2004$与$Nonstate \times Post2004$，以及$Interest_{it-1}$与$Post2004 \times Interest_{it-1}$

6.3 研究设计

表 6-3 主要变量的 Pearson 相关系数表

A 部分：模型 1 的相关变量

	(1)	(2)	(3)	(4)	(5)	(6)	(7)	(8)	(9)	(10)	(11)	(12)	(13)	(14)	(15)
Financialization1	1														
Financialization2	0.721***	1													
Post2004	0.021***	0.043***	1												
Post2013	-0.004	-0.010	0.260***	1											
Nonstate	0.034***	-0.002	0.172***	0.226***	1										
Nonstate×Post2004	0.034***	0.005	0.304***	0.262***	0.953***	1									
Nonstate×Post2013	-0.000	-0.020***	0.182***	0.699***	0.569***	0.598***	1								
Lnsize	-0.082***	-0.088***	0.190***	0.186***	-0.236***	-0.204***	-0.034***	1							
Lev	-0.035***	-0.020***	0.043***	-0.100***	-0.180***	-0.184***	-0.200***	0.307***	1						
ROA	0.053***	0.132***	0.040***	-0.022***	0.099***	0.108***	0.049***	0.026***	-0.384***	1					
CFO	-0.152***	-0.131***	-0.009	-0.043***	-0.045***	-0.039***	-0.025***	0.058***	-0.154***	0.345***	1				
Growth	-0.075***	-0.057***	-0.032***	-0.063***	0.031***	0.020***	0.005	0.038***	0.056***	0.177***	0.043***	1			
Invest	-0.123***	-0.134***	-0.070***	-0.118***	-0.001	-0.015**	-0.052***	0.041***	-0.082***	0.134***	0.206***	0.034***	1		
GDP	0.020***	0.049***	-0.006	-0.656***	-0.182***	-0.186***	-0.464***	-0.165***	0.115***	0.035***	0.047***	0.083***	0.078***	1	
EPU	-0.001	-0.013*	0.099***	-0.083***	0.084***	0.099***	-0.050***	0.108***	-0.025***	-0.006	-0.036***	-0.062***	-0.010	-0.502***	1

续表

B 部分，模型 2 的相关变量

	(1)	(2)	(3)	(4)	(5)	(6)	(7)	(8)	(9)	(10)	(11)	(12)	(13)
ROE	1												
$Interest_{t-1}$	-0.158***	1											
$Post2004$	0.008	-0.015***	1										
$Post2013$	-0.023***	-0.021***	0.183***	1									
$Post2004 \times Interest_{t-1}$	-0.146***	0.932***	0.283***	0.034***	1								
$Post2013 \times Interest_{t-1}$	-0.070***	0.447***	0.125***	0.679***	0.476***	1							
$Lnsize_{t-1}$	0.085***	-0.065***	0.124***	0.197***	-0.023***	0.150***	1						
Lev_{t-1}	-0.047***	0.243***	0.035***	-0.099***	0.240***	0.059***	0.202***	1					
$Growth_{t-1}$	0.098***	-0.106***	-0.017***	-0.087***	-0.102***	-0.094***	0.037***	0.023***	1				
Tbq_{t-1}	0.096***	-0.100***	-0.028***	0.012***	-0.109***	-0.065***	-0.426***	-0.237***	0.047***	1			
$Lnage_{t-1}$	-0.015***	0.107***	0.254***	0.323***	0.171***	0.275***	0.176***	0.203***	-0.045***	0.002***	1		
Ret_{t-1}	0.088***	-0.037***	0.137***	0.009	0.005	-0.009	0.020***	0.038***	0.092***	0.343***	0.070***	1	
$Invest_{t-1}$	0.059***	-0.111***	-0.021***	-0.062***	-0.106***	-0.076***	0.046***	-0.148***	0.035***	0.001	-0.207***	-0.036***	1

之间的相关系数较高之外，其余变量之间相关系数均在 0.8 以下，表明没有严重的多重共线性问题，造成这两组变量之间相关性较高的原因是因为样本区间内，$Post$2004 取值为 1 的观测值较多，其均值达到 88.1%。

6.4 实证结果

6.4.1 初步检验

为进一步检验样本区间内（2001—2015 年）我国上市国有与非国有这两类实体企业金融化程度的变化趋势，从图 6-1 可以发现：2004 年贷款利率上限放开之后，这两类企业的金融化变化趋势并未发生改变，而在 2013 年贷款利率下限放开之后，相对于国有企业，非国有企业的金融化明显呈现下降趋势，这在一定程度上支持研究假设 H6.1b 的逻辑推理，即放松贷款利率下限管制显著抑制了非国有企业金融化趋势，初步验证了实体企业金融化的"市场套利观"，当然更为严谨的结论需要借助多元回归分析进行验证。

表 6-4 为本章研究假设的实证检验结果，其中第（1）列和第（2）列为未控制 GDP 增长率和经济政策不确定性等宏观经济变量，而第（3）列和第（4）列则控制了这两个重要的宏观经济变量。从中我们可以发现：放松贷款利率上限管制与产权性质交互项（$Nonstate×Post$2004）系数为负但不显著，而放松贷款下限管制与产权性质交互项（$Nonstate×Post$2013）系数则在 5% 的统计水平上均显著为负，以上结果支持了研究假设 H6.1b 的逻辑推理，即放松贷款利率下限管制显著抑制了实体企业金融化，支持实体企业金融化的"市场套利观"。当然，这只是初步的实证检验结果，其具体作用机制还依赖于更加严格的机制检验。

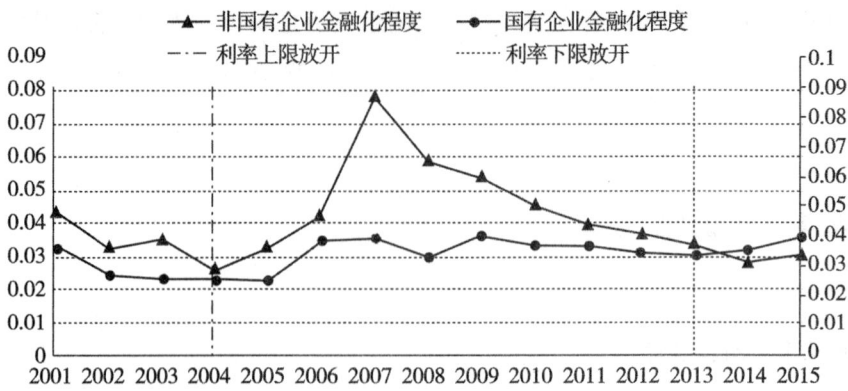

图 6-1　2001—2015 年我国实体企业金融化变化趋势图

表 6-4　　　产权性质、放松利率管制与实体企业金融化①

	（1）	（2）	（3）	（4）
	营业收入标准化	总资产标准化	营业收入标准化	总资产标准化
Post2004	−0.002	0.001	0.005	0.004***
	（0.005）	（0.001）	（0.005）	（0.001）
Post2013	0.005	0.002**		
	（0.005）	（0.001）		
Nonstate	0.005	−0.001	0.005	−0.001
	（0.005）	（0.001）	（0.005）	（0.001）
Nonstate× Post2004	**−0.003**	**−0.001**	**−0.003**	**−0.001**
	（0.006）	**（0.001）**	**（0.006）**	**（0.001）**
Nonstate× Post2013	**−0.008****	**−0.002****	**−0.008****	**−0.002****
	（0.004）	**（0.001）**	**（0.004）**	**（0.001）**

①　由于 Post2004、Post2013、GDP、EPU 均为年度指标，当控制年度效应时会因完全共线性致使 Post2013 回归结果自动 Drop 掉，后文没有报告 Post2013 结果的原因与之相同。

续表

	（1）	（2）	（3）	（4）
	营业收入标准化	总资产标准化	营业收入标准化	总资产标准化
$Lnsize$	-0.006***	-0.002***	-0.006***	-0.002***
	(0.001)	(0.000)	(0.001)	(0.000)
Lev	0.003	0.007***	0.003	0.007***
	(0.008)	(0.001)	(0.008)	(0.001)
ROA	0.299***	0.104***	0.299***	0.104***
	(0.033)	(0.007)	(0.033)	(0.007)
CFO	-0.245***	-0.051***	-0.245***	-0.051***
	(0.016)	(0.003)	(0.016)	(0.003)
$Growth$	-0.019***	-0.004***	-0.019***	-0.004***
	(0.003)	(0.000)	(0.003)	(0.000)
$Invest$	-0.195***	-0.045***	-0.195***	-0.045***
	(0.015)	(0.003)	(0.015)	(0.003)
GDP			0.002**	0.000**
			(0.001)	(0.000)
EPU			-0.003	-0.002***
			(0.003)	(0.001)
$\_cons$	0.180***	0.052***	0.169***	0.051***
	(0.019)	(0.004)	(0.022)	(0.005)
行业效应	控制	控制	控制	控制
年度效应	控制	控制	控制	控制
$Adj.\,R^2$	0.060	0.093	0.060	0.093
$F\,Value$	20.792	34.288	20.792	34.288
N	16 828	16 868	16 828	16 868

注：表中括号内为 Cluster 稳健性的标准误；***、**、* 分别表示在1%、5%、10%统计意义上显著。

6.4.2 进一步检验

表6-5的检验结果支持了实体企业金融化的"市场套利观",其假设前提是贷款利率管制放松显著加剧银行间竞争以抑制实体企业与金融行业间的利润率差距。为了考察放松贷款利率下限管制抑制实体企业金融化的具体作用机制,本章拟从以下两个方面来考察:

表6-5　　　　产权性质、放松利率管制与利润侵蚀

	(1)	(2)	(3)
	因变量:净资产利润率		
	全样本	国有企业	非国有企业
$Interest_{t-1}$	-1.023***	-1.042***	-0.934***
	(0.080)	(0.082)	(0.141)
$Post2004$	.	0.031***	.
	.	(0.009)	.
$Post2013$	-0.042***	-0.035**	-0.041***
	(0.009)	(0.013)	(0.007)
$Post2004 \times Dcost_{t-1}$	**-0.199**	-0.184	-0.305
	(0.216)	(0.214)	(0.302)
$Post2013 \times Dcost_{t-1}$	**0.465****	0.174	0.580**
	(0.192)	(0.302)	(0.279)
$Lnsize_{t-1}$	0.020***	0.019***	0.027***
	(0.002)	(0.002)	(0.004)
Lev_{t-1}	-0.020	-0.025	-0.005
	(0.015)	(0.017)	(0.020)
$Growth_{t-1}$	0.020***	0.022***	0.017***
	(0.004)	(0.006)	(0.003)

续表

	(1)	(2)	(3)
	因变量：净资产利润率		
	全样本	国有企业	非国有企业
Tbq_{t-1}	0.017***	0.020***	0.016***
	(0.002)	(0.003)	(0.002)
$Lnage_{t-1}$	-0.007	-0.007	0.000
	(0.005)	(0.007)	(0.006)
Ret_{t-1}	0.021*	0.025*	0.016
	(0.012)	(0.013)	(0.010)
$Invest_{t-1}$	0.091*	0.117**	0.045
	(0.047)	(0.050)	(0.051)
_cons	-0.375***	-0.397***	-0.572***
	(0.037)	(0.035)	(0.083)
行业效应	控制	控制	控制
年度效应	控制	控制	控制
$Adj. R^2$	0.073	0.086	0.068
F Value	32.147	22.557	13.669
N	16 593	9 426	7 166

注：表中括号内为 Cluster 稳健性的标准误；***、**、* 分别表示在1%、5%、10%统计意义上显著。

(1) 利润侵蚀视角

本章首先借鉴张杰等（2011）研究设计，使用利润决定模型来考察国家层面放松利率管制如何影响企业债务成本（利息支出）对企业利润的侵蚀程度，如果降低了其对企业利润的侵蚀作用，那么也间接证实了放松利率下限管制对抑制实体企业金融化的机制。具体如下：

$$Profit_{it} = \beta_0 + \beta_1 Dcost_{it-1} + \beta_2 Post2004 + \beta_3 Post2004 \times Dcost_{it-1} \beta_4 Post2013 +$$

$$\beta_5 Post2013_{it} \times Dcost_{it-1} + \sum_{j=1}^{n}\beta_{j+5}x_{it} + \varepsilon \qquad (6\text{-}2)$$

上述模型中，$Profit$ 为因变量，使用净资产利润率来表示，$Dcost$ 表示债务成本，使用利息支出占总债务的比重来表示，$Post2004$ 和 $Post2013$ 与模型（1）定义相同，同时分别控制了公司规模（$Lnsize$）、资产负债率（Lev）、成长性（$Growth$）、托宾 Q 值（Tbq）、企业年龄（$Lnage$）、股票回报（Ret）以及投资规模（$Invest$）等变量，为了减弱潜在的内生性，避免财务费用与资产净利润率之间的机械加减关系，本章对自变量以及控制变量（除 $Post2004$、$Post2013$ 外）均取滞后一期，具体结果见表 6-5。

根据表 6-5 的检验结果可以发现，放松贷款利率上限与债务成本的交互项（$Post2004 \times Dcost$）在全样本和子样本中均不显著，而放松贷款利率下限与债务成本（利息支出）的交互项（$Post2013 \times Dcost$）在全样本和非国有企业样本组中，5%统计水平上均显著为正，这表明贷款利率下限管制的放松显著抑制了金融资本对实体企业利润的侵蚀，从而有助于推动实体经济与虚拟经济间利润率的均等化，验证了放松利率管制抑制实体企业金融化的"利润率均等化"机制。

（2）利润率均等化视角

为直接检验放松贷款利率管制对实体企业金融化的利润率均等化机制，本章首先使用当年度上市金融行业净资产利润率（ROE）减去实体企业当年净资产利润率（ROE）来度量实体企业与金融行业利润率差距，很显然该值越大表示实体企业净资产利润率距离金融行业利润率差距越大，利润率均等化程度越低，然后对贷款利率上下限放开与产权性质的交互项进行回归，并分别控制了公司规模（$Lnsize$）、资产负债率（Lev）、净资产利润率（ROA）、主营业务收入增长率（$Growth$）、公司年龄（$Lnage$）、管理费用率（ADM）以及大股东占款（$Orecta$）等变量，检验结果具体见表 6-6，其中之所以使用资产净利润率（ROE）是因为相对于实体企业，金融企业属于高杠杆经营的企业，资产净利润率可比性较低，而净资产利润率（ROE）可比性更高。

表 6-6　　产权性质、利率管制放松与利润率均等化

	（1）	（2）	（3）
	因变量：实体企业与金融行业利润率差距		
$Post2004$	0.062***		0.062***
	(0.014)		(0.014)
$Nonstate$	−0.007***	0.008*	−0.007***
	(0.002)	(0.005)	(0.002)
$Post2004×Nonstate$	**0.008***		**0.009***
	(0.005)		**(0.005)**
$Post2013$		0.016	0.014
		(0.010)	(0.009)
$Post2013×Nonstate$		**−0.011****	**−0.009***
		(0.005)	**(0.005)**
$Lnsize$	−0.003*	−0.002	−0.004**
	(0.002)	(0.002)	(0.002)
Lev	0.105***	0.108***	0.108***
	(0.008)	(0.008)	(0.007)
$Growth$	−0.017***	−0.017***	−0.017***
	(0.001)	(0.002)	(0.002)
$Lnage$	0.026***	0.042***	0.021***
	(0.009)	(0.008)	(0.008)
ADM	0.115***	0.112***	0.113***
	(0.016)	(0.015)	(0.015)
$Orecta$	0.015	−0.039	0.019
	(0.025)	(0.035)	(0.026)

续表

	(1)	(2)	(3)
	因变量：实体企业与金融行业利润率差距		
_cons	0.023	0.008	0.051
	(0.054)	(0.063)	(0.049)
行业效应	控制	控制	控制
年度效应	控制	控制	控制
Adj. R^2	0.357	0.286	0.361
F value	450.282	271.164	429.628
N	24 081	24 081	24 081

注：表中括号内为 Cluster 稳健性的标准误；***、**、* 分别表示在1%、5%、10%统计意义上显著。

检验结果显示：产权性质与放松贷款利率上限的交互项（$Post2004 \times Nonstate$）显著为正，但产权性质与放松贷款利率下限的交互项（$Post2013 \times Nonstate$）显著为负，这表明放松贷款利率下限管制显著抑制了实体企业利润率与金融行业利润率之间差距，推进了两者间利润率均等化，因而这也直接证实了放松贷款利率下限管制促进实体企业金融化的"利润率均等化"机制。

本章在作推理假设时，假定贷款利率上限放开能够缓解融资约束、贷款利率下限放开能够降低实体企业与金融行业间利润率差距。表6-5和表6-6中已经对贷款利率下限放开能够显著抑制实体企业与金融行业间利润率差距进行了验证，但对于贷款利率上限放开是否显著缓解融资约束并未给出直接的证据。因此，本章借鉴 Chen (2012)① 的研究，使用现金—现金流模型来检验放松贷款利率上下限管制对融资约束的影

---

① Chen H. Investment-Cash Flow Sensitivity Cannot Be a Good Measure of Financial Constraints: Evidence from the Time Series [J]. Journal of Financial Economics, 2012 (103): 393-410.

响,并分别控制了公司规模(*Lnsize*)、资产负债率(*Lev*)、资产净利润率(*ROA*)、主营业务收入增长率(*Growth*)、公司年龄(*Lnage*)、管理费用率(*ADM*)以及大股东占款(*Orecta*)等变量,具体检验结果见表6-7。

表6-7 产权性质、利率管制放松与融资约束

	(1)	(2)	(3)
	ΔCash		
	全样本	国有企业	非国有企业
CFO	0.354***	0.313***	0.476***
	(0.035)	(0.011)	(0.084)
Post2004	0.005*	−0.006*	−0.007**
	(0.003)	(0.003)	(0.003)
Post2004×CFO	−0.088**	−0.038	−0.215***
	(0.038)	(0.028)	(0.079)
Post2013	−0.001	0.022***	−0.014***
	(0.001)	(0.004)	(0.003)
Post2013×CFO	−0.073**	−0.113***	−0.054
	(0.030)	(0.023)	(0.038)
Lnsize	0.005***	0.002**	0.009***
	(0.001)	(0.001)	(0.001)
Lev	0.043***	0.031***	0.047***
	(0.010)	(0.006)	(0.013)
ROA	0.135***	0.128***	0.139***
	(0.016)	(0.021)	(0.023)
Growth	0.018***	0.021***	0.016***
	(0.002)	(0.002)	(0.002)

续表

	(1)	(2)	(3)
	$\Delta Cash$		
	全样本	国有企业	非国有企业
Lnage	0.016***	0.011***	0.020***
	(0.002)	(0.003)	(0.004)
ADM	0.009	0.002	0.017**
	(0.007)	(0.010)	(0.009)
Orecta	−0.044***	−0.011	−0.079***
	(0.016)	(0.016)	(0.024)
_cons	−0.182***	−0.095***	−0.275***
	(0.016)	(0.016)	(0.020)
行业效应	控制	控制	控制
年度效应	控制	控制	控制
Adj. R^2	0.128	0.141	0.129
F Value	66.369	35.020	35.665
N	24 526	13 419	11 107

注：表中括号内为 Cluster 稳健性的标准误；***、**、* 分别表示在 1%、5%、10%统计意义上显著。

检验结果显示：全样本组中，$Post2004 \times CFO$ 和 $Post2013 \times CFO$ 系数均显著为负，按照产权性质分组可以发现，$Post2004 \times CFO$ 则在非国有企业样本组中显著为负，而 $Post2013 \times CFO$ 则在国有企业样本组中显著为负，这说明放松贷款利率上限显著缓解了非国有企业融资约束，证实了本章假设推理的前提，即贷款利率上限放开可满足非国有企业缓解融资约束这一前提假定。

（3）企业盈利能力视角

已有文献研究表明，实体企业与金融企业间利润率差距是促使实体企业进入金融行业进行套利的重要动机之一（王红建等，2016）。为了进一步考察放松利率管制抑制实体企业金融化的市场套利机制,本章基于企业不同盈利能力分布高低,以中位数分组检验,检验结果见表6-8。研究发现:放松贷款利率上限管制与产权性质交互项(Nonstate×Post2004)为负但均不显著,而放松贷款利率下限管制与产权性质交互项(Nonstate×Post2013)在低盈利能力组不显著,但在高盈利能力组则显著为负。这表明,随着贷款利率管制特别是下限管制放松之后,由于高盈利能力的实体企业与金融企业间利润率更容易趋于一致,致使该类企业金融化的套利动机逐渐减弱,从而抑制了其金融化程度,从而进一步佐证了"市场套利动机"假设。

表6-8 盈利能力、放松利率管制与实体企业金融化

	(1)	(2)	(3)	(4)
	营业收入标准化		总资产标准化	
	低盈利	高盈利	低盈利	高盈利
Post2004	0.003	−0.000	0.005***	0.001
	(0.006)	(0.007)	(0.001)	(0.001)
Nonstate	0.014*	−0.004	−0.000	−0.002**
	(0.008)	(0.007)	(0.001)	(0.001)
Nonstate×Post2004	0.000	−0.008	−0.000	−0.002
	(0.009)	(0.008)	(0.001)	(0.001)
Nonstate×Post2013	−0.001	−0.015**	0.000	−0.003***
	(0.005)	(0.006)	(0.001)	(0.001)
Lnsize	−0.007***	−0.002	−0.003***	−0.001**
	(0.001)	(0.001)	(0.000)	(0.000)
Lev	0.001	−0.005	0.006***	0.004*
	(0.009)	(0.012)	(0.002)	(0.002)
ROA	0.002	0.730***	0.019**	0.199***
	(0.040)	(0.065)	(0.007)	(0.013)

续表

	(1)	(2)	(3)	(4)
	营业收入标准化		总资产标准化	
	低盈利	高盈利	低盈利	高盈利
CFO	-0.175***	-0.366***	-0.028***	-0.085***
	(0.022)	(0.025)	(0.004)	(0.005)
$Growth$	-0.018***	-0.017***	-0.003***	-0.004***
	(0.004)	(0.004)	(0.000)	(0.001)
$Invest$	-0.145***	-0.198***	-0.025***	-0.053***
	(0.020)	(0.021)	(0.003)	(0.004)
GDP	0.001	0.002	0.000	0.000
	(0.001)	(0.001)	(0.000)	(0.000)
EPU	-0.002	-0.005	-0.001*	-0.002**
	(0.004)	(0.005)	(0.001)	(0.001)
$\_cons$	0.197***	0.071**	0.060***	0.023***
	(0.030)	(0.031)	(0.006)	(0.007)
行业效应	控制	控制	控制	控制
年度效应	控制	控制	控制	控制
$Adj.R^2$	0.050	0.106	0.060	0.151
$F\ Value$	9.860	14.829	14.941	26.396
N	8 408	8 420	8 434	8 434

注：表中括号内为 Cluster 稳健性的标准误；***、**、* 分别表示在1%、5%、10%统计意义上显著。

（4）企业规模视角

不同规模的企业因其盈利能力、盈利的稳定性以及可抵押资产的不同，致使其在融资便利性和融资成本方面存在明显差异。具体来说，大规模企业不仅可以凭借其垄断地位获得更高的回报率，而且其债务成本也可能更低，利率管制放松之后致使实体企业与金融企业间利润率更容易趋于均等化,从而有助于抑制实体企业通过金融化行为进行套利的动机。因此,本章根据中位数对企业规模进行分组,以检验不同企业规模条件下放松利率管制对实体企业金融化的影响。检验结果具体见表6-9。根据检验可以发现:在小规模企业样本组中,放松贷款利率上限管制与产权性质的交互项(Nonstate×Post2004)和放松贷款利率下限管制与产权性质交互项(Nonstate×Post2013)系数虽然为负但均不显著,而在大规模企业样本组中,放松贷款下限管制与产权性质交互项(Nonstate×Post2013)系数显著为负。以上结果表明,放松贷款利率管制抑制实体企业金融化对大规模企业而言更为显著。

表 6-9　　企业规模、放松利率管制与实体企业金融化

	(1)	(2)	(3)	(4)
	营业收入标准化		总资产标准化	
	规模小	规模大	规模小	规模大
Post2004	0.011*	−0.014	0.006***	0.002*
	(0.007)	(0.009)	(0.001)	(0.001)
Nonstate	−0.002	0.021**	−0.003***	0.005***
	(0.006)	(0.009)	(0.001)	(0.002)
Nonstate× Post2004	**−0.003**	**−0.020****	**−0.000**	**−0.005****
	(0.007)	**(0.010)**	**(0.001)**	**(0.002)**
Nonstate× Post2013	**−0.004**	**−0.005****	**−0.001**	**−0.003****
	(0.007)	**(0.005)**	**(0.002)**	**(0.001)**
Lnsize	−0.031***	0.002*	−0.005***	−0.000**
	(0.003)	(0.001)	(0.001)	(0.000)
Lev	0.033***	−0.061***	0.014***	−0.008***
	(0.011)	(0.008)	(0.002)	(0.002)
ROA	0.291***	0.256***	0.101***	0.097***
	(0.044)	(0.043)	(0.009)	(0.010)

续表

	(1)	(2)	(3)	(4)
	营业收入标准化		总资产标准化	
	规模小	规模大	规模小	规模大
CFO	-0.274***	-0.225***	-0.057***	-0.045***
	(0.025)	(0.021)	(0.005)	(0.004)
Growth	-0.022***	-0.014***	-0.004***	-0.003***
	(0.005)	(0.003)	(0.001)	(0.000)
Invest	-0.195***	-0.193***	-0.045***	-0.044***
	(0.023)	(0.018)	(0.004)	(0.003)
GDP	0.002	0.002**	0.000	0.001***
	(0.001)	(0.001)	(0.000)	(0.000)
EPU	0.000	-0.002	-0.002*	-0.001**
	(0.006)	(0.003)	(0.001)	(0.001)
_cons	0.670***	0.041*	0.115***	0.023***
	(0.070)	(0.024)	(0.013)	(0.005)
行业效应	控制	控制	控制	控制
年度效应	控制	控制	控制	控制
Adj. R^2	0.084	0.065	0.112	0.096
F Value	12.022	11.659	19.147	19.549
N	8 281	8 547	8 321	8 547

注：表中括号内为 Cluster 稳健性的标准误；***、**、* 分别表示在 1%、5%、10%统计意义上显著。

(5) 市场竞争压力视角

上述表 6-8 和表 6-9 的检验主要从盈利能力和公司规模这两个公司特征层面考察利润率均等化机制如何影响放松利率管制与实体企业金融化之间的关系，然而也有文献指出，面临不同产品市场竞争压力的企业，其行业平均利润率存在显著差异，市场竞争压力越小的行业，其行业平均利润率与金融行业平均利润率越接近,贷款利率管制放松越有助于其实现与金融行业利润率的均等化。因此,本章将根据企业营业收入计算的赫芬达指数(HHI指数)来测量企业面临的行业竞争压力,然后按照中位数进行分组检验,检验结果见表6-10。

表6-10 产品市场竞争、放松利率管制与实体企业金融化

	(1)	(2)	(3)	(4)
	营业收入标准化		总资产标准化	
	市场竞争压力小	市场竞争压力大	市场竞争压力小	市场竞争压力大
$Post2004$	0.016***	0.005	0.006***	0.005***
	(0.006)	(0.005)	(0.001)	(0.001)
$Post2013$	0.016	-0.003	0.000	-0.002***
	(0.011)	(0.005)	(0.002)	(0.001)
$Nonstate$	-0.011	0.004	-0.002	-0.000
	(0.012)	(0.006)	(0.002)	(0.001)
$Nonstate×$ $Post2004$	**-0.013**	**-0.005**	**-0.002****	**-0.001**
	(0.006)	**(0.005)**	**(0.001)**	**(0.001)**
$Nonstate×$ $Post2013$	**-0.006****	**-0.007**	**-0.002****	**-0.002****
	(0.001)	**(0.001)**	**(0.000)**	**(0.000)**
$Lnsize$	-0.007	0.011	0.006***	0.007***
	(0.012)	(0.010)	(0.002)	(0.002)
Lev	0.314***	0.286***	0.106***	0.105***
	(0.051)	(0.042)	(0.009)	(0.009)
ROA	-0.254***	-0.240***	-0.053***	-0.048***
	(0.024)	(0.023)	(0.004)	(0.004)
CFO	-0.020***	-0.018***	-0.004***	-0.004***
	(0.004)	(0.004)	(0.001)	(0.001)

续表

	(1)	(2)	(3)	(4)
	营业收入标准化		总资产标准化	
	市场竞争压力小	市场竞争压力大	市场竞争压力小	市场竞争压力大
Growth	-0.204***	-0.178***	-0.038***	-0.050***
	(0.023)	(0.019)	(0.004)	(0.004)
Invest	0.003***	0.001	0.000*	0.000
	(0.001)	(0.001)	(0.000)	(0.000)
GDP	0.001	-0.005	-0.002**	-0.003***
	(0.005)	(0.004)	(0.001)	(0.001)
EPU	0.145***	0.190***	0.050***	0.055***
	(0.032)	(0.032)	(0.006)	(0.007)
_cons	0.185***	0.193***	0.053***	0.053***
	(0.027)	(0.027)	(0.005)	(0.006)
行业效应	控制	控制	控制	控制
年度效应	控制	控制	控制	控制
Adj. R^2	0.058	0.066	0.092	0.094
F Value	11.950	10.007	18.075	17.744
N	8 414	8 414	8 414	8 414

注：表中括号内为Cluster稳健性的标准误；***、**、*分别表示在1%、5%、10%统计意义上显著。

从表中可以发现：在市场竞争压力较小的组，放松贷款利率上限管制与产权性质交互项（Nonstate×Post2004）系数均不显著，放松贷款利率下限管制与产权性质交互项（Nonstate×Post2013）系数在5%水平上显著为负；而在市场竞争压力较大的组，放松贷款利率上限管制与产权性质交互项（Nonstate×Post2004）系数和放松贷款利率下限管制与产权性质交互项（Nonstate×Post2013）系数均不显著，即产业越集中的行业，公司面临竞争压力越小，放松贷款利率管制促使其与金融行业利润率均等化更容易，因而对实体企业金融化的抑制作用更强。

6.4.3 稳健性检验

（1）安慰剂检验

为了更好地验证放松贷款利率管制对实体企业金融化的影响的确是由 2004 年和 2013 年放开贷款利率上下限管制所致，本章还进行了安慰剂检验（Placebo Test）。具体来说，为尽量避免事件点选择的主观性，在进行安慰剂检验时，本章分别将事件窗口向事件区间内移动一个单位年，即将贷款利率上限放开设定为 2005 年，而将贷款利率下限放开设定为 2012 年来进行安慰剂检验，具体检验结果见表 6-11。从中可以发现，放松贷款利率上限管制与产权性质交互项（$Nonstate \times Post2005$）和放松贷款利率下限管制与产权性质交互项（$Nonstate \times Post2012$）均不显著。通过安慰剂检验可以发现，利率市场化对实体企业金融化的抑制作用的确是由贷款利率下限管制放松所致，间接证实了本章的研究发现。

表 6-11　放松利率管制与实体企业金融化（安慰剂检验）

	（1）营业收入标准化	（2）总资产标准化
$Post2005$	0.019***	0.006***
	(0.005)	(0.001)
$Post2012$	−0.008	−0.001
	(0.005)	(0.001)
$Nonstate$	0.003	−0.000
	(0.006)	(0.001)
$Nonstate \times Post2005$	**0.001**	**−0.001**
	(0.006)	**(0.001)**

续表

	(1)	(2)
	营业收入标准化	总资产标准化
$Nonstate \times Post2012$	**−0.003**	**−0.001**
	(0.004)	**(0.001)**
$Lnsize$	−0.009***	−0.002***
	(0.001)	(0.000)
Lev	−0.000	0.007***
	(0.008)	(0.002)
ROA	0.299***	0.109***
	(0.034)	(0.009)
CFO	−0.248***	−0.056***
	(0.018)	(0.005)
$Growth$	−0.020***	−0.004***
	(0.003)	(0.000)
$Invest$	−0.174***	−0.048***
	(0.017)	(0.005)
GDP	0.001	0.000***
	(0.001)	(0.000)
EPU	0.001	−0.000
	(0.003)	(0.000)
$\_cons$	0.234***	0.049***
	(0.025)	(0.008)
行业效应	控制	控制
年度效应	控制	控制
Adj. R^2	0.108	0.114
F Value	16.921	23.662
N	16 828	16 868

注：表中括号内为 Cluster 稳健性的标准误；***、**、* 分别表示在1%、5%、10%统计意义上显著。

6.4 实证结果

（2）扩大样本容量

为扩大样本容量，我们保留投资收益小于 0 的样本观测值并将其作为回归样本，对前文表 6-4 进行重新检验，检验结果见表 6-12。研究发现，产权性质与放松利率上限管制的交互项（Nonstate×Post2004）依然均不显著，而产权性质与放松利率下限管制的交互项（Nonstate×Post2013）则在 1% 的水平上显著为负，这与表 6-4 的检验结果一致，即放松贷款利率下限有助于抑制实体企业金融化，表明本章研究发现是稳健的。

表 6-12　产权性质、放松利率管制与实体企业金融化（稳健性检验）

	（1）营业收入标准化	（2）总资产标准化	（3）营业收入标准化	（4）总资产标准化
Post2004	-0.002**	-0.001	0.005***	0.003***
	(0.001)	(0.000)	(0.001)	(0.000)
Post2013	0.004***	0.002***		
	(0.001)	(0.000)		
Nonstate	0.002	-0.000	0.002	-0.000
	(0.001)	(0.000)	(0.001)	(0.000)
Nonstate×Post2004	-0.000	-0.000	**-0.000**	**-0.000**
	(0.001)	(0.000)	**(0.001)**	**(0.000)**
Nonstate×Post2013	-0.005***	-0.001***	**-0.005*** **	**-0.001*** **
	(0.001)	(0.000)	**(0.001)**	**(0.000)**
Lnsize	0.001***	0.000**	0.001***	0.000**
	(0.000)	(0.000)	(0.000)	(0.000)
Lev	-0.005***	-0.001	-0.005***	-0.001
	(0.001)	(0.000)	(0.001)	(0.000)
ROA	0.067***	0.032***	0.067***	0.032***
	(0.004)	(0.001)	(0.004)	(0.001)

续表

	(1)	(2)	(3)	(4)
	营业收入标准化	总资产标准化	营业收入标准化	总资产标准化
CFO	-0.056***	-0.016***	-0.056***	-0.016***
	(0.003)	(0.001)	(0.003)	(0.001)
Growth	-0.004***	-0.001***	-0.004***	-0.001***
	(0.000)	(0.000)	(0.000)	(0.000)
Invest	-0.059***	-0.024***	-0.059***	-0.024***
	(0.003)	(0.001)	(0.003)	(0.001)
GDP			0.001***	0.000***
			(0.000)	(0.000)
EPU			-0.003***	-0.001***
			(0.001)	(0.000)
_cons	0.004	0.003**	0.002	0.002
	(0.004)	(0.001)	(0.005)	(0.002)
行业效应	控制	控制	控制	控制
年度效应	控制	控制	控制	控制
$Adj.R^2$	0.062	0.071	0.062	0.071
F Value	53.836	67.581	53.836	67.581
N	24 189	24 189	24 189	24 189

注：表中括号内为 Cluster 稳健性的标准误；***、**、* 分别表示在 1%、5%、10%统计意义上显著。

(3) 更换实体企业金融化度量指标

借鉴宋军和陆旸（2015）[1]、杜勇等（2017）研究[2]，使用实体配置金融资产的比重作为实体企业金融化的度量指标，其中不包括货币资

---

[1] 宋军，陆旸. 非货币金融资产和经营收益率的U形关系——来自我国上市非金融公司的金融化证据 [J]. 金融研究, 2015 (6)：111-127.

[2] 杜勇, 张欢, 陈建英. 金融化对实体企业未来主业发展的影响：促进还是抑制 [J]. 中国工业经济, 2017 (12)：113-131.

金的金融资产配置比重等于(交易性金融资产+衍生金融资产+发放贷款及垫款净额+可供出售金融资产净额+持有导致投资净额+投资性房地产净额)除以期末总资产,而包含货币资金的金融资产配置比重等于(货币资金+交易性金融资产+衍生金融资产+发放贷款及垫款净额+可供出售金融资产净额+持有导致投资净额+投资性房地产净额)除以期末总资产,按照表6-4对利率管制放松如何影响实体企业金融资产配置行为进行稳健性检验,检验结果见表6-13。结果显示:产权性质与放松利率上限管制的交互项(Nonstate×Post2004)依然均不显著,而产权性质与放松利率下限管制的交互项(Nonstate×Post2004)则在5%统计水平上显著为负,这与表6-4的检验结果一致。

表 6-13 产权性质、放松利率管制与实体企业金融资产配置(稳健性检验)

	(1) 非货币金融资产占比	(2) 包含货币的金融资产占比	(3) 非货币金融资产占比	(4) 包含货币的金融资产占比
$Post2004$	−0.006***	−0.015***	0.030***	0.036***
	(0.001)	(0.005)	(0.002)	(0.005)
$Post2013$	0.029***	0.069***		
	(0.002)	(0.005)		
$Nonstate$	−0.003*	0.022***	−0.003*	0.022***
	(0.002)	(0.006)	(0.002)	(0.006)
$Nonstate×Post2004$	**−0.001**	**−0.003**	**−0.001**	**−0.003**
	(0.002)	**(0.007)**	**(0.002)**	**(0.007)**
$Nonstate×Post2013$	**−0.004****	**−0.025****	**−0.004****	**−0.025****
	(0.002)	**(0.004)**	**(0.002)**	**(0.004)**
$Lnsize$	0.001**	−0.002*	0.001**	−0.002*
	(0.001)	(0.001)	(0.001)	(0.001)

续表

	(1) 非货币金融资产占比	(2) 包含货币的金融资产占比	(3) 非货币金融资产占比	(4) 包含货币的金融资产占比
Lev	-0.041***	-0.268***	-0.041***	-0.268***
	(0.003)	(0.007)	(0.003)	(0.007)
ROA	-0.036***	0.135***	-0.036***	0.135***
	(0.006)	(0.014)	(0.006)	(0.014)
CFO	0.005	0.246***	0.005	0.246***
	(0.010)	(0.020)	(0.010)	(0.020)
Growth	-0.003***	-0.002	-0.003***	-0.002
	(0.001)	(0.002)	(0.001)	(0.002)
Invest	-0.141***	-0.414***	-0.141***	-0.414***
	(0.007)	(0.015)	(0.007)	(0.015)
GDP			0.001**	0.000
			(0.000)	(0.001)
EPU			-0.007***	0.015***
			(0.002)	(0.004)
_cons	0.016	0.327***	0.030***	0.036***
	(0.010)	(0.021)	(0.002)	(0.005)
行业效应	控制	控制	控制	控制
年度效应	控制	控制	控制	控制
Adj. R^2	0.120	0.309	0.120	0.309
F Value	61.209	189.605	61.209	189.605
N	21 405	21 405	21 405	21 405

注：表中括号内为 Cluster 稳健性的标准误；***、**、* 分别表示在1%、5%、10%统计意义上显著。

(4) 更换利率市场化进程度量方法

在主检验中，本章使用 2004 年和 2013 年贷款利率上下限的放开设置虚拟变量，并与产权性质进行交互以双重差分模型考察其对实体企业金融化的影响，这可能没有很好地捕捉我国利率市场化变迁的趋势。因此，本章还分别使用李萍和冯梦萍（2016）[①]、顾海兵等（2013）[②]的两种方法测度利率市场化进程指数并对主检验进行了稳健性测试，该指数越大，表示利率市场化进程程度越高，其中第一种方法为 $Interest1$（合成法），第二种方法为 $Interest2$（权重法），我国利率市场化呈现显著的上升趋势，特别是 2004 年放开贷款利率上限管制以后，利率市场化进程加快，而随着 2008 年世界金融危机的爆发和四万亿经济刺激计划的出台，利率市场化进程呈现徘徊甚至倒退现象，使用连续变量考察利率市场化对实体企业金融化的影响的具体结果见表 6-14。

表 6-14　利率市场化指数与实体企业金融化（稳健性检验）

	（1）	（2）	（3）	（4）
	营业收入标准化		总资产标准化	
$Interest1$	0.007		0.007***	
	(0.006)		(0.002)	
$Interest2$		0.006***		0.003***
		(0.002)		(0.001)
$Nonstate$	0.009***	0.001	0.003***	0.001
	(0.003)	(0.006)	(0.001)	(0.002)
$Nonstate×$ $Interest1$	-0.017**		-0.008**	
	(0.006)		(0.002)	

[①] 李萍,冯梦黎.利率市场化对我国经济增长质量的影响：一个新的解释思路［J］.经济评论,2016（2）：74-84,160.

[②] 顾海兵,夏梦,张安军.1996—2010 年中国利率市场化程度的测定［J］.价格理论与实践,2013（2）：27-28.

续表

	(1)	(2)	(3)	(4)
	营业收入标准化		总资产标准化	
Nonstate× Interest2		−0.001 (0.002)		−0.001** (0.000)
Lnsize	−0.003*** (0.000)	−0.003*** (0.000)	−0.001*** (0.000)	−0.001*** (0.000)
Lev	−0.009*** (0.003)	−0.008*** (0.003)	0.000 (0.001)	0.001 (0.001)
ROA	0.100*** (0.010)	0.101*** (0.010)	0.052*** (0.003)	0.052*** (0.003)
CFO	−0.105*** (0.006)	−0.106*** (0.006)	−0.030*** (0.002)	−0.031*** (0.002)
Growth	−0.009*** (0.001)	−0.009*** (0.001)	−0.002*** (0.000)	−0.002*** (0.000)
Invest	−0.096*** (0.007)	−0.086*** (0.006)	−0.038*** (0.002)	−0.038*** (0.002)
GDP	0.000 (0.000)	0.001*** (0.000)	0.000*** (0.000)	0.001*** (0.000)
EPU	−0.000 (0.001)	0.002** (0.001)	0.000 (0.000)	0.001*** (0.000)
_cons	0.088*** (0.010)	0.068*** (0.012)	0.022*** (0.003)	0.016*** (0.004)
行业效应	控制	控制	控制	控制
Adj. R^2	0.140	0.139	0.097	0.096
F Value	48.547	48.247	42.075	41.899
N	15 526	15 526	15 566	15 566

注：表中括号内为 Cluster 稳健性的标准误；***、**、* 分别表示在1%、5%、10%统计意义上显著。

表6-14 的检验结果显示：两种利率市场化指数（Interest1，Interest2）系数除了在第（2）列中不显著外，其余组均在5%的统计水

平上显著为负,表明随着利率市场化进程加快,实体企业金融化动机程度呈现不断下降的趋势。

(5) 变更广义金融渠道获利度量方法

本章还借鉴张成思和张步昙(2016)的研究①,分别使用投资收益、公允价值变动损益以及其他综合收益等金融渠道获利加总来表示广义金融渠道获利,使用投资收益、公允价值变动损益、净汇兑损益扣除对联营和合营企业的投资收益来表示狭义金融渠道获利,并分别使用总资产和营业收入进行标准化,然后检验利率下限管制放松对金融化的影响,检验结果见表6-15。从中可以发现:产权性质与利率下限管制放松的交互项(Nonstate×Post2013)均显著为负,这与表6-4的主检验是一致的,因而说明该研究结论是稳健的②。

表6-15　产权性质、利率管制放松与实体企业金融化
(广义和狭义金融渠道获利)

	(1)	(2)	(3)	(4)
	广义金融渠道获利		狭义金融渠道获利	
	总资产标准化	营业收入标准化	总资产标准化	营业收入标准化
Nonstate	−0.001**	0.006*	0.001	0.008***
	(0.001)	(0.003)	(0.001)	(0.002)
Nonstate× *Post*2013	**−0.003***	**−0.015***	**−0.002**	**−0.007**
	(0.001)	**(0.005)**	**(0.001)**	**(0.003)**

---

① 张成思,张步昙.中国实业投资率下降之谜:经济金融化视角[J].经济研究,2016,51(12):32-46.

② 从CSMAR数据披露来看,公允价值变动损益在2006年之前披露非常少,同时因为新会计准则实施使得公允价值变动损益前后可比性较低,因此在进行稳健性检验时样本区间界定为2007—2015年,而贷款利率上限管制放松在2004年,无法在该样本区间内进行检验,因此本章只能考察2013年贷款利率下限管制放松对实体企业金融化的影响。

续表

	(1)	(2)	(3)	(4)
	广义金融渠道获利		狭义金融渠道获利	
	总资产标准化	营业收入标准化	总资产标准化	营业收入标准化
$Lnsize$	-0.002***	-0.007***	-0.002***	-0.007***
	(0.000)	(0.001)	(0.000)	(0.001)
Lev	0.008***	0.007	0.009***	0.016**
	(0.002)	(0.010)	(0.001)	(0.007)
ROA	0.112***	0.351***	0.071***	0.201***
	(0.007)	(0.039)	(0.006)	(0.030)
CFO	-0.057***	-0.298***	-0.040***	-0.197***
	(0.004)	(0.021)	(0.003)	(0.016)
$Growth$	-0.004***	-0.022***	-0.003***	-0.016***
	(0.000)	(0.003)	(0.000)	(0.002)
$Invest$	-0.050***	-0.235***	-0.034***	-0.153***
	(0.004)	(0.020)	(0.003)	(0.015)
GDP	-0.000	-0.000	0.000	0.001*
	(0.000)	(0.001)	(0.000)	(0.001)
EPU	-0.002***	-0.005	-0.002***	-0.005**
	(0.001)	(0.003)	(0.001)	(0.002)
$\_cons$	0.062***	0.219***	0.061***	0.178***
	(0.006)	(0.030)	(0.005)	(0.022)
行业效应	控制	控制	控制	控制
年度效应	控制	控制	控制	控制
$Adj. R^2$	0.098	0.068	0.086	0.063
F Value	37.717	23.244	32.491	22.283
N	13 671	13 631	13 671	13 631

注：表中括号内为 Cluster 稳健性的标准误；***、**、* 分别表示在1%、

5%、10%统计意义上显著。

6.5　本章小结

　　本章以 2001—2015 年我国 A 股非金融类上市公司为研究样本，并以 2004 年和 2013 年我国中央银行分别取消贷款利率上下限为准自然实验，基于产权性质差异构造双重差分模型，以实证考察利率管制的放松如何影响实体企业金融化行为及其机制。研究发现：放松贷款利率下限管制能够显著抑制民营企业金融化，而放松贷款利率上限管制则无显著作用。进一步检验发现：对于盈利能力越强、规模越大的公司，放松利率下限管制对民营企业金融化的抑制作用更显著。系列拓展性检验发现上述研究结论是稳健的。以上研究结论表明，金融市场化程度不足是我国实体企业金融化的重要制度诱因，因此金融市场化改革将有助于抑制实体企业虚拟化，改善实体经济与虚拟经济的良性互动关系，助推实体经济快速发展。

7 结 论

7.1 研究结论

本书选择 2001—2015 年我国 A 股非金融类上市公司为研究样本，并以 2004 年和 2013 年我国中央银行分别取消贷款利率上下限为准自然实验，基于产权性质差异，遵循"利率市场化——企业融资——企业投资效率——企业投资结构"的路径，分别构建模型，实证了以下三部分：

在利率市场化对实体企业融资行为的影响的研究中，本书实证检验了利率市场化对实体企业过度负债及资本结构调整速度的影响。研究发现：利率市场化通过消除信贷市场摩擦，自动实现信贷资金供给与需求之间的平衡，从而显著抑制了实体企业过度负债水平，而且加快了实体企业资本结构调整速度，提高了实体企业的信贷期限。进一步检验还发现，利率市场化显著抑制了实体企业短贷长投行为，放开贷款利率上限更有助于增加长期借款（延长债务期限结构）、抑制短贷长投行为，而放开下限的作用则非常有限。利率市场化更有助于民营实体企业增加长期借款，缓解民营实体企业的融资约束。放松贷款利率上限管制有助于实体企业通过提高贷款利率水平来补偿长期借款风险，使民营实体企业可以通过提高贷款利率获得更多长期借款，从而增加企业长期债务的比重，而放开贷款利率下限的作用则不明显。但是，研究发现国有实体企业现金对现金流敏感性同样下降了，国有实体企业也能通过提高贷款利率水平等方式来补偿风险,当利率下限放开以后,贷款银行可以降低贷款利率,一方面进一步增加了国有实体企业贷款需求,另一方面则促使贷款银行将更多资金贷给国有实体企业,从而进一步提高了国有实体企业融资便利性。这表明利率市场化并未从根本上实现将资金从国有实体企业转向民营实体企业的目的,所以本书认为利率市场化并未从根本上扭转我国信贷歧视。

在利率市场化对实体企业投资效率的影响研究中,本书研究我国利率市场化进程如何影响实体企业投资效率行为及其经济后果。本书使用合成法、权重法两种利率市场化指标,构建不同模型,进行多角度检验。实证结果发现:第一,利率市场化显著提升了实体企业投资与投资机会的敏感性,即提升了实体企业投资效率。进一步检验结果表明利率市场化会显著提升国有实体企业投资与投资机会之间的敏感性,而对民营实体企业作用则非常有限,利率市场化主要通过改善国有实体企业资本配置效率来实现投资效率的提升。第二,利率市场化显著抑制了国有实体企业的过度投资行为。第三,利率市场化显著促进了实体企业的公司投资价值效应的提升。进一步检验分别对利率通过影响信贷配给、企业债务治理两个方面检验利率市场化对实体企业投资效率的影响。实证结果再次表明利率市场化促使民营实体企业显著增加了银行贷款,从而表明利率市场化确实有助于消除信贷歧视,缓解民营实体企业融资约束。拓展性检验结果还发现利率市场化对投资效率的促进效应在地区市场化进程较低的地区更显著,表明两者呈现替代关系,而且还抑制了实体企业进行激进性负债的额度。

在利率市场化对实体企业投资结构选择的影响中,本书以实体企业金融化行为是为了缓解融资需求,还是为了套利来判断实体企业投资结构选择的动机。实证结果发现,放松利率下限管制因加剧了银行竞争,通过推进金融行业与实体企业利润率均等化而抑制了实体企业金融化,从而证明了实体企业进入金融市场套利动机。本书进一步根据企业盈利能力、企业规模、市场竞争压力等不同视角检验,认为利率市场化通过使实体企业和金融企业的利润率趋于一致，实体企业金融化的套利动机逐渐减弱，从而抑制了实体企业的金融化程度。

本书沿着宏观融资机制——微观投资效率——微观投资结构的路径，分析导致我国部分企业投资效率不佳的制度因素，揭示了宏观融资机制与微观企业投资效率之间的逻辑关系，拓展并探明了我国企业投资效率低下的制度诱因，并为后续研究提供新视角。本书研究结论还有助于为推动金融市场化改革、完善实体经济与虚拟经济之间的良性互动关系提供理论依据。利率市场化通过促进银行业竞争以实现实体企业与金融机构间利润率均等化，抑制了实体企业金融化的动机，从而可以为完善实体经济与虚拟经济间的良性互动关系提供理论依据。

利率市场化作为我国要素市场化改革的重要一步，其对消除信贷市场摩擦、提高企业融资灵活性、改善信贷资源配置效率以及调整投资结构具有非常重要的意义。融资结构的选择、有效投资和投资结构偏向实体经济对我国实体企业自身发展具有战略意义，为金融业更好地支持实体经济发展，促进国家供给侧改革有重要作用。

7.2　研究启示与建议

在我国经济步入"新常态"阶段，仅依靠大规模生产要素大量投入来促进经济增长的模式难以持久，必须向提高单位生产要素生产效率的驱动模式转变，利率市场化改革将是一个有效途径，同时有助于我国供给侧结构性改革，特别是"去杠杆""去产能"改革。

本书证实了利率市场化对改善企业融资环境，提高信贷资源配置效率的重要意义，因此未来我国应继续大力推进各项生产要素的市场化改革，继续优化各项生产要素在全国范围实现最优配置。产能过剩在微观企业则表现为长期的过度投资行为，更多表现在国有企业中。利率调节机制有助于抑制企业过度投资，利用利率工具等金融方法化解产能过剩是切实可行的。当前我国实体经济"杠杆风险"巨大，然而信贷资源的"所有制歧视",致使我国"杠杆风险"主要体现在国有企业中,因此未来不仅需要继续推进利率市场化进程,完善利率在信贷资源配置中的决定性作用,而且还需要从根本上扭转信贷歧视,让更多企业在信贷市场获得公平的融资机会,这不仅有助于化解杠杆风险,而且有助于信贷资源跨部门配置,提高信贷配置效率。

改革开放以来,关于政府与市场的关系的争论一直不断,特别是在金融行业领域,政府对行业进入设定了非常严格的管制,致使我国金融行业因其垄断地位持续获得了超额利润率,利率市场化改革有助于推进实体企业与金融机构间利润率均等化,从而抑制实体企业进入金融行业套利的市场动机,有效抑制经济"脱实向虚"。

2015年放开存款利率上限管制之后,我国利率市场化改革进入了深化期,政府、企业等都需要抓住改革中的问题,积极调整发展思路与策略。

对于实体企业来说,一方面,实体企业需要根据自身条件和现实科学、理智地选择发展战略。在坚守"服务主业"的前提下,实体企业不能草率或功利地选择金融产品,或向金融机构扩张。经过科学规划后,产融结合的企业需要熟悉和适应金融行业的运作,构建畅通的信息传递渠道,培养了解金融业务和风险控制的复合型人才,建立健全相关规章制度。另一方面,实体经济与虚拟经济利润率均等化问题不是仅靠国家政策、体制改革就能实现的,需要实体企业本着"匠心精神"做强主业,提升核心竞争力。利率市场化改革带来了以银行业为主的金融机构同业竞争的加剧,增强了实体企业与银行之间的讨价还价的可能。但银行为了提升风险定价能力,将会建立一个有效的信用评价体系。因此实体企业需要抓住此时机,尽可能完善自身经营业绩,提升资金等全方位的管理水平,加强企业信用的建设与管理,围绕市场利率构建企业自身的投融资管理体系等。特别是国有实体企业改革在遵循市场经济规律和企业发展规律的基础上,坚持权利、义务、责任相统一,坚持所有权与经营权分离,企业与企业管理者需要增强公平竞争意识,避免利用政府或官员干预企业正常经营行为，产生不正常竞争，扰乱市场公平。国有企业需要坚持激励机制和约束机制相结合的政策，促使国有企业真正成为依法自主经营、自负盈亏、自担风险、自我约束、自我发展的独立市场主体。

对于政府来说，不仅需要坚持利率市场化改革相关政策，还需要在配套政策和体制改革创新上下工夫，应构建"多元化、多层次"的金融市场，畅通债券、股票等直接融资渠道，降低进入门槛，鼓励优质的或大型的企业进行直接融资，将更多银行信贷资源留给中小企业。现有的分业监管造成了监管空白，例如对于影子银行、互联网金融等金融创新企业的监管就非常滞后，因此需要加强监管的统一性和协调性，打通各市场分割局面，畅通市场利率传导的渠道。应根据国有企业在经济社会发展中的作用、发展现状和发展需要进行分类管理，差异化制定发展战略与发展目标，针对性提出改革措施，在分类目标下进行权责利的统一，实行各级监管与绩效考核。国有实体企业应突出主业发展，以有利于提高企业乃至行业的竞争力，不仅对企业利润进行考核，还应对企业营业收入占比等指标进行监管，对于非主业投资上级单位应加强审核，控制非主业投资规模、投资流向等，同时加强信用体系建设。

7.3 研究局限

由于受时间、能力、水平上的限制，本书尚存在不足或局限，主要有以下几方面：

本书对利润率均等化问题作了一定的分析和研究，期待今后继续进行更深入的研究。实体企业与金融机构间的利润率均等化是利率市场化抑制实体企业金融化的重要逻辑基础，但本书只是通过企业盈利能力进行分组检验来间接识别这一机制，暂时无法提供更为直接的证据。

本书仅根据产权性质研究了利率市场化对实体企业投资选择的影响，但并没深入考虑实体企业所处的产业链和在产业链中的位置。进一步从利率市场化对处于产业链不同位置的实体企业的投资行为进行研究,将更加直接地为产能过剩和产能不足的问题提供证据。同时,若将供应链本身视为一个大的实体,链上企业间资金的相互融通视为内部融资供应链的话,利率市场化将对产业升级与产业结构调整的影响,也将是后续研究的方向。

参考文献

[1] ABIAD A, MODY A. Financial Reform: What Shakes It? What Shapes It? [J]. American Economic Review, 2005, 95 (1): 66-88.

[2] ACEMOGLU D, JOHNSON S, ROBINSON J A. Reversal of Fortune: Geography and Institutions in the Making of the Modern World Income Distribution [J]. The Quarterly Journal of Economics, 2002, 117 (4): 1231-1294.

[3] ACEMOGLU D, VENTURA J. The World Income Distribution [J]. The Quarterly Journal of Economics, 2002, 117 (2): 659-694.

[4] ACHARYA V V, GALE D, YORULMAZER T. Rollover Risk and Market Freezes [J]. The Journal of Finance, 2011, 66 (4): 1177-1209.

[5] AGÉNOR P, KHAN M S. Foreign Currency Deposits and the Demand for Money in Developing Countries [J]. Journal of Development Economics, 1996, 50 (1): 101-118.

[6] AGGARWAL R K, SAMWICK A A. Empire-builders and Shirkers: Investment, Firm Performance, and Managerial Incentives [J]. Journal of Corporate Finance, 2006, 12 (3): 489-515.

[7] AGHION P, BOLTON P. An Incomplete Contracts Approach to Financial Contracting [J]. The Review of Economic Studies, 1992, 59 (3): 473-494.

[8] AKERLOF G. The Market for Lemons [J]. Quarterly Journal of Eco-

nomics, 1970, 84 (3): 488-500.

[9] AKKEMIK K A, ÖZEN Ş. Macroeconomic and Institutional Determinants of Financialisation of Non-financial Firms: Case Study of Turkey [J]. Socio-economic Review, 2014, 12 (1): 71-98.

[10] ALLEN F, QIAN J, QIAN M. Law, Finance, and Economic Growth in China [J]. Journal of Financial Economics, 2005, 77 (1): 57-116.

[11] ALMEIDA H, CAMPELLO M. The Cash Flow Sensitivity of Cash [J]. The Journal of Finance, 2004, 59 (4): 1777-1804.

[12] AMEER R. Financial Liberalization and Capital Structure Dynamics in Developing Countries: Evidence From Emerging Markets of South East Asia [R]. ABS Working Paper, 2003.

[13] ANG J B, MCKIBBIN W J. Financial Liberalization, Financial Sector Development and Growth: Evidence From Malaysia [J]. Journal of Development Economics, 2007, 84 (1): 215-233.

[14] ASHCRAFT A B, CAMPELLO M. Firm Balance Sheets and Monetary Policy Transmission [J]. Journal of Monetary Economics, 2007, 54 (6): 1515-1528.

[15] ATAULLAH A, COCKERILL T. Financial Liberalization and Bank Efficiency: a Comparative Analysis of India and Pakistan [J]. Applied Economics, 2004, 36 (17): 1915-1924.

[16] BARCLAY M J, SMITH C W, MORELLEC E. On the Debt Capacity of Growth Options [J]. The Journal of Business, 2006, 79 (1): 37-60.

[17] BECK T, LEVINE R. Legal Institutions and Financial Development [Z]. Springer, 2005, 251-278.

[18] BERGLOF E, ROLAND G. Soft Budget Constraints and Banking in Transition Economies [J]. Journal of Comparative Economics, 1998,

26（1）：18-40.

[19] BERNANKE B S, BLINDER A S. The Federal Funds Rate and the Channels of Monetary Transmission [J]. The American Economic Review, 1992, 82（4）：901-921.

[20] BERNANKE B, GERTLER M. Financial Fragility and Economic Performance [J]. The Quarterly Journal of Economics, 1990, 105（1）：87-114.

[21] BERTRAND M, MULLAINATHAN S. Enjoying the Quiet Life? Corporate Governance and Managerial Preferences [J]. Journal of Political Economy, 2003, 111（5）：1043-1075.

[22] BHADURI A. A Contribution to the Theory of Financial Fragility and Crisis [J]. Cambridge Journal of Economics, 2011, 35（6）：995-1014.

[23] BIDDLE GARY-C, HILARY GILLES, VERDI RODRIGO-S. How does financial reporting quality relate to investment efficiency? [J]. Journal of Accounting and Economics, 2009, 48（2）：112-131.

[24] BIDDLE G C, HILARY G, VERDI R S. How Does Financial Reporting Quality Relate to Investment Efficiency? [J]. Journal of Accounting and Economics, 2009, 48（2）：112-131.

[25] BOUGHEAS S, MIZEN P, YALCIN C. Access to External Finance：Theory and Evidence on the Impact of Monetary Policy and Firm-specific Characteristics [J]. Journal of Banking & Finance, 2006, 30（1）：199-227.

[26] BOYLE G W, GUTHRIE G A. Investment, Uncertainty, and Liquidity [J]. The Journal of Finance, 2003, 58（5）：2143-2166.

[27] BRAINARD W C, TOBIN J. Econometric [J]. American Economic Review, 1968, 58（2）.

[28] BRANDT L, LI H. Bank Discrimination in Transition Economies：

Ideology, Information, Or Incentives? [J]. Journal of Comparative Economics, 2003, 31 (3): 387-413.

[29] BRENNAN M J, SCHWARTZ E S. Optimal Financial Policy and Firm Valuation [J]. The Journal of Finance, 1984, 39 (3): 593-607.

[30] CAMPELLO M, GIAMBONA E, GRAHAM J R, et al. Liquidity Management and Corporate Investment During a Financial Crisis [J]. The Review of Financial Studies, 2011, 24 (6): 1944-1979.

[31] CHEN F, HOPE O, LI Q, et al. Financial Reporting Quality and Investment Efficiency of Private Firms in Emerging Markets [J]. The Accounting Review, 2011, 86 (4): 1255-1288.

[32] CHEN H. Investment - Cash Flow Sensitivity Cannot Be a Good Measure of Financial Constraints: Evidence from the Time Series [J]. Journal of Financial Economics, 2012 (103): 393-410.

[33] CHIRWA E W, MLACHILA M. Financial Reforms and Interest Rate Spreads in the Commercial Banking System in Malawi [J]. Imf Staff Papers, 2004, 51 (1): 96-122.

[34] CLAESSENS S, LAEVEN L. Financial Development, Property Rights, and Growth [J]. The Journal of Finance, 2003, 58 (6): 2401-2436.

[35] CORNAGGIA J, MAO Y, TIAN X, et al. Does Banking Competition Affect Innovation? [J]. Journal of Financial Economics, 2015, 115 (1): 189-209.

[36] CULL R, LI W, SUN B, et al. Government Connections and Financial Constraints: Evidence From a Large Representative Sample of Chinese Firms [J]. Journal of Corporate Finance, 2015, 32: 271-294.

[37] DANIEL B C, JONES J B. Financial Liberalization and Banking Crises in Emerging Economies [J]. Journal of International Economics,

2007, 72 (1): 202-221.

[38] DEANGELO H, MASULIS R W. Optimal Capital Structure Under Corporate and Personal Taxation [J]. Journal of Financial Economics, 1980, 8 (1): 3-29.

[39] DEMIR F. Financial Liberalization, Private Investment and Portfolio Choice: Financialization of Real Sectors in Emerging Markets [J]. Journal of Development Economics, 2009, 88 (2): 314-324.

[40] DENIS D J, MCKEON S B. Debt Financing and Financial Flexibility Evidence From Proactive Leverage Increases [J]. The Review of Financial Studies, 2012, 25 (6): 1897-1929.

[41] DEWATRIPONT M, LEGROS P. Public-private Partnerships: Contract Design and Risk Transfer [J]. Eib Papers, 2005, 10 (1): 120-145.

[42] DEWATRIPONT M, TIROLE J. A Theory of Debt and Equity: Diversity of Securities and Manager-shareholder Congruence [J]. The Quarterly Journal of Economics, 1994, 109 (4): 1027-1054.

[43] DING S, GUARIGLIA A, KNIGHT J. Investment and Financing Constraints in China: Does Working Capital Management Make a Difference? [J]. Journal of Banking & Finance, 2013, 37 (5): 1490-1507.

[44] DITTMAR A, THAKOR A. Why Do Firms Issue Equity? [J]. The Journal of Finance, 2007, 62 (1): 1-54.

[45] DONG X, PUTTERMAN L. Soft Budget Constraints, Social Burdens, and Labor Redundancy in China's State Industry [J]. Journal of Comparative Economics, 2003, 31 (1): 110-133.

[46] DORE R. Financialization of the Global Economy [J]. Industrial and Corporate Change, 2008, 17 (6): 1097-1112.

[47] DROBETZ W, WANZENRIED G. What Determines the Speed of Ad-

justment to the Target Capital Structure? [J]. Applied Financial Economics, 2006, 16 (13): 941-958.

[48] DURÁN ORTIZ. Financialization: the Aids of Economic System [J]. Ensayos De Economía, 2014, 23 (44): 55-73.

[49] Dyck A, Zingales L. Private Benefits of Control: an International Comparison [J]. The Journal of Finance, 2004, 59 (2): 537-600.

[50] FAMA E F, FRENCH K R. Testing Trade-off and Pecking Order Predictions About Dividends and Debt [J]. The Review of Financial Studies, 2002, 15 (1): 1-33.

[51] FAULKENDER M, PETERSEN M. Investment and Capital Constraints: Repatriations Under the American Jobs Creation Act [J]. The Review of Financial Studies, 2012, 25 (11): 3351-3388.

[52] FAZZARI S M, HUBBARD R G, PETERSEN B C, et al. Financing Constraints and Corporate Investment [J]. Brookings Papers on Economic Activity, 1988 (1): 141-206.

[53] FAZZARI S M, HUBBARD R G, PETERSEN B C. Investment, Financing Decisions, and Tax Policy [J]. The American Economic Review, 1988, 78 (2): 200-205.

[54] FERRI G, LIU L. Honor Thy Creditors Beforan Thy Shareholders: Are the Profits of Chinese State-owned Enterprises Real? [J]. Asian Economic Papers, 2010, 9 (3): 50-71.

[55] FISCHER E O, HEINKEL R, ZECHNER J. Dynamic Capital Structure Choice: Theory and Tests [J]. The Journal of Finance, 1989, 44 (1): 19-40.

[56] FLANNERY M J, RANGAN K P. Partial Adjustment Toward Target Capital Structures [J]. Journal of Financial Economics, 2006, 79 (3): 469-506.

[57] FREEMAN R B. It's Financialization! [J]. International Labour Re-

view, 2010, 149 (2): 163-183.

[58] FRY M J. Financial Development: Theories and Recent Experience [J]. Oxford Review of Economic Policy, 1989, 5 (4): 13-28.

[59] GE Y, QIU J. Financial Development, Bank Discrimination and Trade Credit [J]. Journal of Banking and Finance, 2007, (31): 513-530.

[60] GELOS R G, WERNER A M. Financial Liberalization, Credit Constraints, and Collateral: Investment in the Mexican Manufacturing Sector [J]. Journal of Development Economics, 2002, 67 (1): 1-27.

[61] GILSON S C. Management Turnover and Financial Distress [J]. Journal of Financial Economics, 1989, 25 (2): 241-262.

[62] GONZáLEZ I, SALA H. Investment Crowding-out and Labor Market Effects of Financialization in the Us [J]. Scottish Journal of Political Economy, 2014, 61 (5): 589-613.

[63] HALL R E, JORGENSON D W. Tax Policy and Investment Behavior: Reply and Further Results [J]. The American Economic Review, 1969, 59 (3): 388-401.

[64] HARFORD J, KLASA S, WALCOTT N. Do Firms Have Leverage Targets? Evidence From Acquisitions [J]. Journal of Financial Economics, 2009, 93 (1): 1-14.

[65] HARRIS J R, SCHIANTARELLI F, SIREGAR M G. The Effect of Financial Liberalization on the Capital Structure and Investment Decisions of Indonesian Manufacturing Establishments [J]. The World Bank Economic Review, 1994, 8 (1): 17-47.

[66] HARRIS M, RAVIV A. Capital Structure and the Informational Role of Debt [J]. The Journal of Finance, 1990, 45 (2): 321-349.

[67] HART O, MOORE J. Default and Renegotiation: a Dynamic Model of

Debt [J]. The Quarterly Journal of Economics, 1998, 113 (1): 1-41.

[68] HU C X. Leverage, Monetary Policy, and Firm Investment [J]. Economic Review-federal Reserve Bank of San Francisco, 1999 (2): 32-39.

[69] JAFFEE D M, RUSSELL T. Imperfect Information, Uncertainty, and Credit Rationing [J]. The Quarterly Journal of Economics, 1976, 90 (4): 651-666.

[70] JENSEN M C. Agency Costs of Free Cash Flow, Corporate Finance, and Takeovers [J]. The American Economic Review, 1986, 76 (2): 323-329.

[71] JENSEN M C. The Modern Industrial Revolution, Exit, and the Failure of Internal Control Systems [J]. The Journal of Finance, 1993, 48 (3): 831-880.

[72] JENSEN M C, MECKLING W H. Theory of the Firm: Managerial Behavior, Agency Costs and Ownership Structure [J]. Journal of Financial Economics, 1976, 3 (4): 305-360.

[73] JOHNSON S, LA PORTA R, LOPEZ-DE-SILANES F, et al. Tunneling [J]. American Economic Review, 2000, 90 (2): 22-27.

[74] JORGENSON D W. Capital Theory and Investment Behavior [J]. The American Economic Review, 1963, 53 (2): 247-259.

[75] KANE A, MARCUS A J, MCDONALD R L. How Big Is the Tax Advantage to Debt? [J]. The Journal of Finance, 1984, 39 (3): 841-853.

[76] KASHYAP A K, STEIN J C. Monetary Policy and Bank Lending [M]. The University of Chicago Press, 1994: 221-261.

[77] KHANNA T, RIVKIN J W. Estimating the Performance Effects of Business Groups in Emerging Markets [J]. Strategic Management

Journal, 2001: 45-74.

[78] KOO J, SHIN S. Financial Liberalization and Corporate Investments: Evidence From Korean Firm Data [J]. Asian Economic Journal, 2004, 18 (3): 277-292.

[79] KORNAI J. The Soft Budget Constraint [J]. Kyklos, 1986, 39 (1): 3-30.

[80] KRAUS A, LITZENBERGER R H. A State-preference Model of Optimal Financial Leverage [J]. The Journal of Finance, 1973, 28 (4): 911-922.

[81] KRIPPNER G. The Financialization1 of the American Economy [J]. Socio-Economic Review, 2005, 3 (2): 173-208.

[82] LA PORTA R, LOPEZ-DE-SILANES F, SHLEIFER A, et al. The Quality of Government [J]. The Journal of Law, Economics, and Organization, 1999, 15 (1): 222-279.

[83] LA PORTA R, LOPEZ-DE-SILANES F, SHLEIFER A, et al. Legal Determinants of External Finance [J]. The Journal of Finance, 1997: 1131-1150.

[84] LA PORTA R, LOPEZ-DE-SILANES F, SHLEIFER A, et al. Agency Problems and Dividend Policies Around the World [J]. The Journal of Finance, 2000, 55 (1): 1-33.

[85] LAEVEN L. Does Financial Liberalization Reduce Financing Constraints? [J]. Financial Management, 2003 (2): 5-34.

[86] LAZONICK W. Innovative Business Models and Varieties of Capitalism: Financialization of the Us Corporation [J]. Business History Review, 2010, 84 (4): 675-702.

[87] LEARY M T, ROBERTS M R. Do Firms Rebalance Their Capital Structures? [J]. The Journal of Finance, 2005, 60 (6): 2575-2619.

[88] MAGHYEREH A. The Effect of Financial Liberalization on the Efficiency of Financial Institutions: the Case of Jordanian Commercial Banks [J]. Journal of Transnational Management Development, 2004, 9 (2): 71-106.

[89] MASKIN E S. Recent Theoretical Work on the Soft Budget Constraint [J]. American Economic Review, 1999, 89 (2): 421-425.

[90] MCCONNELL J J, MUSCARELLA C J. Corporate Capital Expenditure Decisions and the Market Value of the Firm [J]. Journal of Financial Economics, 1985, 14 (3): 399-422.

[91] MEYER K E, PENG M W. Probing Theoretically into Central and Eastern Europe: Transactions, Resources, and Institutions [J]. Journal of International Business Studies, 2005, 36 (6): 600-621.

[92] MILBERG W, SHAPIRO N. Implications of the Recent Financial Crisis for Firm Innovation [J]. Journal of Interest Keynesian Economics, 2013 (36): 207-230.

[93] MODIGLIANI F, MILLER M H. The Cost of Capital, Corporation Finance And The Theory of Investment [J]. The American Economic Review, 1958, 48 (3): 261-297.

[94] MOJON B, SMETS F, VERMEULEN P. Investment and Monetary Policy in the Euro Area [J]. Journal of Banking & Finance, 2002, 26 (11): 2111-2129.

[95] MORELLEC E, SCHüRHOFF N. Corporate Investment and Financing Under Asymmetric Information [J]. Journal of Financial Economics, 2011, 99 (2): 262-288.

[96] MYERS S C. Determinants of Corporate Borrowing [J]. Journal of Financial Economics, 1977, 5 (2): 147-175.

[97] MYERS S C, MAJLUF N S. Corporate Financing and Investment Decisions When Firms Have Information That Investors Do Not Have

[J]. Journal of Financial Economics, 1984, 13 (2): 187-221.

[98] OBSTFELD M. Evaluating Risky Consumption Paths: the Role of Intertemporal Substitutability [J]. European Economic Review, 1994, 38 (7): 1471-1486.

[99] OHLSON J A. Earnings, Book Values, and Dividends in Equity Valuation [J]. Contemporary Accounting Research, 1995, 11 (2): 661-687.

[100] ORHANGAZI Ö. Financialisation and Capital Accumulation in the Non-financial Corporate Sector: a Theoretical and Empirical Investigation on the Us Economy: 1973-2003 [J]. Cambridge Journal of Economics, 2008, 32 (6): 863-886.

[101] PALLEY T I. Financialization: What It Is and Why It Matters [Z]. Springer, 2013: 17-40.

[102] PORTA R L, LOPEZ-DE-SILANES F, SHLEIFER A, et al. Law and Finance [J]. Journal of Political Economy, 1998, 106 (6): 1113-1155.

[103] RAJAN R G, ZINGALES L. What Do We Know About Capital Structure? Some Evidence From International Data [J]. The Journal of Finance, 1995, 50 (5): 1421-1460.

[104] RICHARDSON SCOTT. Over-investment of Free Cash flow [M]. Kluwer Academic Publishers-Plenum Publishers, 2006: 159-189.

[105] ROBICHEK A A, MCDONALD J G, HIGGINS R C. Some Estimates of the Cost of Capital to Electric Utility Industry, 1954-1957: Comment [J]. The American Economic Review, 1967, 57 (5): 1278-1288.

[106] ROSS S A. The Determination of Financial Structure: the Incentive-signalling Approach [J]. The Bell Journal of Economics, 1977: 23-40.

[107] RUBINSTEIN M E. A Mean-variance Synthesis of Corporate Financial Theory [J]. The Journal of Finance, 1973, 28 (1): 167-181.

[108] SARR A. Financial Liberalization, Bank Market Structure, and Financial Deepening-An Interest Margin Analysis [J]. IMF Working Papers, 2000. (38): 1-4.

[109] SAMIA M, DALENDA M, SAOUSSEN A. Accuracy and Conservatism of Var Models: a Wavelet Decomposed Var Approach Versus Standard Arma-garch Method [J]. International Journal of Economics and Finance, 2009, 1 (2).

[110] SAUNDERS A, SCHUMACHER L. The Determinants of Bank Interest Rate Margins: an International Study [J]. Journal of International Money & Finance, 2000, 19 (6): 813-832.

[111] SHLEIFER A, VISHNY R W. Large Shareholders and Corporate Control [J]. Journal of Political Economy, 1986, 94 (3): 461-488.

[112] SHLEIFER A, VISHNY R W. Management Entrenchment: the Case of Manager-specific Investments [J]. Journal of Financial Economics, 1989, 25 (1): 123-139.

[113] SHLEIFER A, VISHNY R W. A Survey of Corporate Governance [J]. The Journal of Finance, 1997, 52 (2): 737-783.

[114] SHYAM-SUNDER L, MYERS S C. Testing Static Tradeoff Against Pecking Order Models of Capital Structure1 [J]. Journal of Financial Economics, 1999, 51 (2): 219-244.

[115] STEIN E, DAUDE C. Institutions, Integration and the Location of Foreign Direct Investment [EB/OL]. https://pdfs.semanticscholar.org/3721/fdc224f1f96e46e63cd832c59dd65ed75bbc.pdf.

[116] STEIN J C. Agency, Information and Corporate Investment [D]. Elsevier, 2003: 111-165.

[117] STIGLITZ J E, WEISS A. Credit Rationing in Markets with Imperfect Information [J]. The American Economic Review, 1981, 71 (3): 393-410.

[118] STOCKHAMMER E, GRAFL L. Financial Uncertainty and Business Investment [J]. Review of Political Economy, 2010, 22 (4): 551-568.

[119] STULZ R M, WILLIAMSON R. Culture, Openness, and Finance [J]. Journal of Financial Economics, 2003, 70 (3): 313-349.

[120] TOBIN J. A General Equilibrium Approach to Monetary Theory [J]. Journal of Money, Credit and Banking, 1969, 1 (1): 15-29.

[121] UDOH E, OGBUAGU U R. Interest Rate Liberalization, Financial Development and Economic Growth in Nigeria (1970-2008) [J]. Asian Social Science, 2012, 8 (3): 292-302.

[122] WEINSTEIN D E, YAFEH Y. On the Costs of a Bank-centered Financial System: Evidence From the Changing Main Bank Relations in Japan [J]. The Journal of Finance, 1998, 53 (2): 635-672.

[123] ZHEKA V. Corporate Governance, Ownership Structure and Corporate Efficiency: the Case of Ukraine [J]. Managerial and Decision Economics, 2005, 26 (7): 451-460.

[124] ZINGALES L. Survival of the Fittest Or the Fattest? Exit and Financing in the Trucking Industry [J]. The Journal of Finance, 1998, 53 (3): 905-938.

[125] 巴曙松. 贷款利率上限取消的改革意义 [N]. 中国经济时报, 2004-11-12.

[126] 白钦先. 政策性金融论 [J]. 经济学家, 1998 (3): 80-88, 127.

[127] 曾爱民. 金融危机冲击、财务柔性储备与企业投资行为——来自中国上市公司的经验证据 [J]. 管理世界, 2013 (4): 107-

120.

[128] 陈东. 私营企业出资人背景、投机性投资与企业绩效 [J]. 管理世界, 2015（8）: 97-119, 187-188.

[129] 陈冬华. 国有企业中的薪酬管制与在职消费 [J]. 经济研究, 2005（2）: 92-101.

[130] 陈耿. 信贷歧视、金融发展与民营企业银行借款期限结构 [J]. 会计研究, 2015（4）: 40-46.

[131] 陈涛. 利率市场化与货币政策的有效性分析 [J]. 金融理论探索, 2002（2）: 2-5.

[132] 陈信元. 国有企业薪酬管制、高管腐败与企业绩效 [C]. 立信会计学术研讨会, 2005.

[133] 陈信元. 政府干预、多元化经营与公司业绩 [J]. 管理世界, 2007（1）: 92-97.

[134] 成思危. 虚拟经济五特性 [J]. 电力技术经济, 1999（4）: 71.

[135] 成思危. 虚拟经济论丛 [M]. 民主与建设出版社, 2002.

[136] 程六兵, 刘峰. 银行监管与信贷歧视——从会计稳健性的视角 [J]. 会计研究, 2013（1）: 28-34.

[137] 程新生. 非财务信息、外部融资与投资效率——基于外部制度约束的研究 [J]. 管理世界, 2012（7）: 137-150.

[138] 戴根有. 中国央行公开市场业务操作实践和经验 [J]. 金融研究, 2003（1）: 55-65.

[139] 邓建平. 金融关联能否缓解民营企业的融资约束 [J]. 金融研究, 2011（8）: 78-92.

[140] 邓路. 宏观环境、所有制与公司超额银行借款 [J]. 管理世界, 2016（9）: 149-160.

[141] 丁剑平. 中国制造业企业对利率和融资约束敏感度的检验 [J]. 当代财经, 2013（7）: 47-54.

[142] 杜红艳. 中小企业产业空心化与融资困境分析 [J]. 淮北职业技

术学院学报, 2012 (5): 122-124.

[143] 杜勇, 张欢, 陈建英. 金融化对实体企业未来主业发展的影响: 促进还是抑制 [J]. 中国工业经济, 2017 (12): 113-131.

[144] 樊纲, 王小鲁, 张立文. 中国各地区市场化进程 2000 年报告 [J]. 国家行政学院学报, 2001 (3): 18-28.

[145] 樊纲, 王小鲁, 朱恒鹏. 中国市场化指数——各地区市场化相对进程 2015 年报告 [M]. 经济科学出版社, 2015.

[146] 樊胜. 利率市场化对商业银行投融资行为的影响 [J]. 上海金融学院学报, 2007 (2): 27-32.

[147] 方军雄. 市场化进程与资本配置效率的改善 [J]. 经济研究, 2006 (5): 50-61.

[148] 方军雄. 所有制、市场化进程与资本配置效率 [J]. 管理世界, 2007 (11): 27-35.

[149] 方军雄. 所有制、制度环境与信贷资金配置 [J]. 经济研究, 2007b (12): 82-92.

[150] 方轶强. 上市公司收购的财富效应: 基于信号理论和效率理论的解释 [J]. 中国会计与财务研究, 2005 (2): 1-49.

[151] 付强. 政府干预、公司控制权转移与投资效率——基于 Heckman 两阶段选择模型的分析 [J]. 技术经济与管理研究, 2017 (5): 58-64.

[152] 付文林, 赵永辉. 税收激励、现金流与企业投资结构偏向 [J]. 经济研究, 2014, 49 (5): 19-33.

[153] 傅利福. 利率市场化与中小企业融资约束——基于中小银行战略布局的视角 [J]. 贵州财经大学学报, 2014, 32 (6): 34-41.

[154] 顾海兵, 夏梦, 张安军. 1996—2010 年中国利率市场化程度的测定 [J]. 价格理论与实践, 2013 (2): 27-28.

[155] 顾宁, 黄丽萍. 中国利率市场化改革的风险与治理 [J]. 学习与探索, 2007 (5): 152-155.

[156] 赵昌文,许召元,等.当前我国产能过剩的特征、风险及对策研究——基于实地调研及微观数据的分析[J].管理世界,2015(4):1-10.

[157] 韩守业.利率市场化对商业银行投融资行为的影响[J].现代经济信息,2017(2):302.

[158] 韩珣,田光宁,李建军.非金融企业影子银行化与融资结构——中国上市公司的经验证据[J].国际金融研究,2017,366(10):44-54.

[159] 郝颖,李静明.我国上市公司资本投向分布与结构效率研究——追溯产权控制路径的实证考察[J].经济与管理研究,2011(8):73-81.

[160] 郝颖,刘星.资本投向——利益攫取与挤占效应[J].管理世界,2009(5):128-144.

[161] 郝颖,刘星.大股东自利动机下的资本投资与配置效率研究[J].中国管理科学,2011,19(1):167-176.

[162] 郝颖,刘星.政府干预、资本投向与结构效率[J].管理科学学报,2011(04):56-77.

[163] 郝颖,辛清泉,刘星.地区差异、企业投资与经济增长质量[J].经济研究,2014(3):101-114,189.

[164] 何大安.投资秩序:规则安排与机理构成[J].学术月刊,2002(9):67-70.

[165] 何东,王红林.利率双轨制与中国货币政策实施[J].金融研究,2011(12):1-18.

[166] 何青.我国上市公司的投资行为研究:基于新古典理论的检验[J].当代财经,2006(2):25-31.

[167] 何熙琼.产业政策对企业投资效率的影响及其作用机制研究——基于银行信贷的中介作用与市场竞争的调节作用[J].南开管理评论,2016,19(5):161-170.

参考文献

[168] 贺妍, 罗正英. 产权性质、投资机会与货币政策利率传导机制——来自上市公司投资行为的实证检验 [J]. 管理评论, 2017 (11): 28-40.

[169] 胡晖, 张璐. 利率市场化对成长型企业融资约束的影响——基于对中小板企业的研究 [J]. 经济评论, 2015 (5): 141-153.

[170] 胡新智. 渐进式改革: 中国利率市场化的理性选择——利率市场化的国际经验及其对中国的启示 [J]. 国际经济评论, 2011 (6): 132-145.

[171] 胡奕明, 王雪婷, 张瑾. 金融资产配置动机: "蓄水池"或"替代"?——来自中国上市公司的证据 [J]. 经济研究, 2017 (1): 181-194.

[172] 花贵如. 政府控制、投资者情绪与公司资本投资 [J]. 管理评论, 2014, 26 (3): 53-60.

[173] 黄宏斌, 翟淑萍, 陈静楠. 企业生命周期、融资方式与融资约束——基于投资者情绪调节效应的研究 [J]. 金融研究, 2016 (7): 96-112.

[174] 黄健柏, 徐震, 徐珊. 土地价格扭曲、企业属性与过度投资——基于中国工业企业数据和城市地价数据的实证研究 [J]. 中国工业经济, 2015 (3): 57-69.

[175] 黄金老. 利率市场化与商业银行风险控制 [J]. 经济研究, 2001 (1): 19-28.

[176] 黄俊, 李增泉. 政府干预、企业雇员与过度投资 [J]. 金融研究, 2014 (8): 118-130.

[177] 黄群慧. 论新时期中国实体经济的发展 [J]. 中国工业经济, 2017 (9): 5-24.

[178] 黄志忠, 谢军. 宏观货币政策、区域金融发展和企业融资约束——货币政策传导机制的微观证据 [J]. 会计研究, 2013 (1): 63-69, 96.

[179] 姬宁. 利率市场化条件下中小企业融资研究 [J]. 经济研究导刊, 2010 (33): 63-64.

[180] 纪洋, 徐建炜, 张斌. 利率市场化的影响、风险与时机——基于利率双轨制模型的讨论 [J]. 经济研究, 2015 (1): 38-51.

[181] 贾吉明. 保险参股、经济环境与企业投融资 [D]. 对外经济贸易大学, 2017.

[182] 简泽. 银行部门的市场化、信贷配置与工业重构 [J]. 经济研究, 2013 (5): 112-127.

[183] 江春. 中国利率实践中的产权问题 [J]. 贵州财经大学学报, 1999 (Z1).

[184] 江春. 经济转轨国家利率市场化的制度分析 [J]. 武汉大学学报（哲学社会科学版), 2006, 59 (1): 46-53.

[185] 江春, 李巍. 中国非金融企业持有金融资产的决定因素和含义：一个实证调查 [J]. 经济管理, 2013 (7): 13-23.

[186] 江春, 刘春华. 中国利率市场化的新制度金融学探讨 [J]. 财经理论与实践, 2003 (4): 46-50.

[187] 江春, 刘春华. 经济转轨国家利率市场化的制度分析 [J]. 武汉大学学报（哲学社会科学版), 2006, 59 (1): 46-53.

[188] 江春, 吴小平. 制度质量与利率市场化——来自跨国数据的实证研究 [J]. 世界经济研究, 2010 (4): 14-19, 87.

[189] 江春, 许立成. 金融监管与金融发展：理论框架与实证检验 [J]. 金融研究, 2005 (4): 79-88.

[190] 江春, 许立成. 金融发展中的制度因素：理论框架与国际经验 [J]. 财经科学, 2007 (4): 1-7.

[191] 江伟, 李斌. 金融发展与企业债务融资 [J]. 中国会计评论, 2006 (2): 255-276.

[192] 姜付秀, 黄继承. 市场化进程与资本结构动态调整 [J]. 管理世界, 2011 (3): 124-134, 167.

[193] 解陆一. 银行贷款对公司投资效率的影响 [J]. 投资研究, 2013 (12): 3-16.

[194] 金宇超, 靳庆鲁, 宣扬. "不作为"或"急于表现": 企业投资中的政治动机 [J]. 经济研究, 2016, 51 (10): 126-139.

[195] 金中夏, 洪浩, 李宏瑾. 利率市场化对货币政策有效性和经济结构调整的影响 [J]. 经济研究, 2013 (4): 69-82.

[196] 靳庆鲁, 孔祥, 侯青川. 货币政策、民营企业投资效率与公司期权价值 [J]. 经济研究, 2012 (5): 97-107.

[197] 靳庆鲁, 侯青川, 李刚, 等. 放松卖空管制、公司投资决策与期权价值 [J]. 经济研究, 2015 (10): 76-88.

[198] 景学成. 中国利率市场化进程 [M]. 中国财政经济出版社, 1999.

[199] 鞠晓生, 卢荻, 虞义华. 融资约束、营运资本管理与企业创新可持续性 [J]. 经济研究, 2013 (1): 4-16.

[200] 孔东民. 市场竞争、产权与政府补贴 [J]. 经济研究, 2013 (2): 55-67.

[201] 黎文靖, 李茫茫. "实体+金融": 融资约束、政策迎合还是市场竞争?——基于不同产权性质视角的经验研究 [J]. 金融研究, 2017 (8): 100-116.

[202] 李程. 利率管制、金融扭曲与投资效率 [J]. 财经论丛, 2012 (2): 53-58.

[203] 李浩举. 利率市场化改革对企业创新的影响研究 [D]. 北京交通大学, 2017: 24-30.

[204] 李广子, 刘力. 债务融资成本与民营信贷歧视 [J]. 金融研究, 2009 (12): 137-150.

[205] 李健, 陈传明. 企业家政治关联、所有制与企业债务期限结构——基于转型经济制度背景的实证研究 [J]. 金融研究, 2013 (3): 157-169.

[206] 李杰. 投资结构论 [D]. 四川大学, 2002: 57-74.

[207] 李培功, 肖珉. CEO任期与企业资本投资 [J]. 金融研究, 2012 (2): 127-141.

[208] 李萍, 冯梦黎. 利率市场化对我国经济增长质量的影响: 一个新的解释思路 [J]. 经济评论, 2016 (2): 74-84, 160.

[209] 李青原. 会计信息质量、审计监督与公司投资效率——来自我国上市公司的经验证据 [J]. 审计研究, 2009 (4): 51, 65-73.

[210] 李青原, 陈超, 赵曌. 最终控制人性质、会计信息质量与公司投资效率——来自中国上市公司的经验证据 [J]. 经济评论, 2010 (2): 81-93.

[211] 李青原, 王红建. 货币政策、资产可抵押性、现金流与公司投资 [J]. 金融研究, 2013 (6): 31-45.

[212] 李万福, 林斌, 宋璐. 内部控制在公司投资中的角色: 效率促进还是抑制? [J]. 管理世界, 2011 (2): 81-99, 188.

[213] 李焰, 秦义虎, 张肖飞. 企业产权、管理者背景特征与投资效率 [J]. 管理世界, 2011 (1): 135-144.

[214] 李扬. 用5~10年时间完成利率市场化 [J]. 宁波经济: 财经视点, 2003 (7): 5-7.

[215] 利率市场化国际比较研究课题组. 国外利率市场化的经验与教训 [J]. 中国金融, 2002 (4).

[216] 利率市场化国际比较研究课题组. 我国利率市场化的风险分析 [J]. 中国金融, 2002 (3).

[217] 廖冠民. 国有企业的政策性负担: 动因、后果及治理 [J]. 中国工业经济, 2014 (6): 96-108.

[218] 林毅夫, 李志赟. 政策性负担、道德风险与预算软约束 [J]. 经济研究, 2004 (2): 17-27.

[219] 林毅夫. 中国的国有企业与金融体制改革 [J]. 经济学, 2005, 4 (4): 913-936.

[220] 林毅夫．论我国经济增长方式的转换［J］．管理世界，2007（11）：5-13．

[221] 刘行，叶康涛．企业的避税活动会影响投资效率吗？［J］．会计研究，2013（6）：47-53，96．

[222] 刘慧龙，王成方，吴联生．决策权配置、盈余管理与投资效率［J］．经济研究，2014（8）：93-106．

[223] 刘林川．虚拟经济与实体经济协调发展研究［D］．南开大学，2014：35-48．

[224] 刘淑莲，周雪峰．产权性质、债务融资与破产威胁效应——来自中国上市公司的经验证据［J］．财贸研究，2011，22（5）：99-108．

[225] 刘向耘．利率市场化与中小企业融资［J］．南方金融，2013（11）：5-9．

[226] 刘小玄，周晓艳．金融资源与实体经济之间配置关系的检验——兼论经济结构失衡的原因［J］．金融研究，2011，68（2）：57-70．

[227] 刘星．货币政策对企业投资存在需求影响吗？——一项投资—现金流敏感性的研究［J］．经济科学，2014，36（4）：62-79．

[228] 刘义圣．中国利率市场化改革论纲［M］．北京大学出版社，2002．

[229] 刘轶．中国利率市场化进程中基准利率的选择［J］．财经理论与实践，2003，24（4）：56-59．

[230] 卢斌，高彬越．市场择机与目标资本结构对上市公司资本结构的影响——基于中国上市公司的实证研究［J］．南方经济，2012（1）：39-46．

[231] 卢峰，姚洋．金融压抑下的法治、金融发展和经济增长［J］．中国社会科学，2004（1）：42-55．

[232] 卢盛峰，陈思霞．政府偏袒缓解了企业融资约束吗？——来自

中国的准自然实验［J］．管理世界，2017（5）：51-65，187-188．

[233] 鲁春义．垄断、金融化与中国行业收入分配差距［J］．管理评论，2014（11）：48-56．

[234] 陆静，王漪碧，王捷．贷款利率市场化对商业银行风险的影响——基于盈利模式与信贷过度增长视角的实证分析［J］．国际金融研究，2014，326（6）：50-59．

[235] 陆正飞，祝继高，樊铮．银根紧缩、信贷歧视与民营上市公司投资者利益损失［J］．金融研究，2009，350（8）：124-136．

[236] 罗党论，应千伟．政企关系、官员视察与企业绩效——来自中国制造业上市企业的经验证据［J］．南开管理评论，2012，15（5）：76-85．

[237] 罗党论，应千伟，常亮．银行授信、产权与企业过度投资：中国上市公司的经验证据［J］．世界经济，2012（3）：48-67．

[238] 罗良文．利率市场化对经济增长方式转变的影响［J］．经济问题，2011（10）：20-23．

[239] 马弘，郭于玮．利率市场化与信贷歧视——基于2004年贷款利率改革的倍差法检验［J］．经济研究，2016．

[240] 马君潞．双重代理成本与债务治理机制的有效性——来自我国上市公司的证据（1998—2006）［J］．当代经济科学，2008，30（3）：92-100．

[241] 麦金农．经济自由化的顺序：向市场经济过渡中的金融控制［M］．中国金融出版社，1993．

[242] 闵亮，沈悦．宏观冲击下的资本结构动态调整——基于融资约束的差异性分析［J］．中国工业经济，2011（5）：109-118．

[243] 牛晓健．利率与银行风险承担——基于中国上市银行的实证研究［J］．金融研究，2013（4）：15-28．

[244] 彭建刚，王舒军，关天宇．利率市场化导致商业银行利差缩窄吗？——来自中国银行业的经验证据［J］．金融研究，2016，

433（7）：48-63.

[245] 秦海玲．我国资产投资结构分析［J］．时代金融，2011（18）：181-182.

[246] 平新乔．"预算软约束"的新理论及其计量验证［J］．经济研究，1998（10）：70-80.

[247] 钱小安．金融开放条件下利率市场化的动力、约束与步骤［J］．世界经济，2003（3）：57-61.

[248] 潜力，胡援成．经济周期、融资约束与资本结构的非线性调整［J］．世界经济，2015（12）：135-158.

[249] 曲进．银行与企业关联提升抑或降低了企业投资效率？［J］．数量经济技术经济研究，2015（1）：36-51.

[250] 饶品贵，姜国华．货币政策波动、银行信贷与会计稳健性［J］．金融研究，2011（3）：51-71.

[251] 饶品贵，姜国华．货币政策、信贷资源配置与企业业绩［J］．管理世界，2013（3）：12-22，47，187.

[252] 饶品贵，岳衡，姜国华．经济政策不确定性与企业投资行为研究［J］．世界经济，2017（2）：29-53.

[253] 邵伏军．利率市场化改革的风险分析［J］．金融研究，2004（6）：90-103.

[254] 申慧慧，于鹏，吴联生．国有股权、环境不确定性与投资效率［J］．经济研究，2012（7）：114-127.

[255] 盛明泉．国有产权、预算软约束与资本结构动态调整［J］．管理世界，2012（3）：151-157.

[256] 盛松成，童士清．商业银行存贷利差：扩大还是缩小？［J］．金融研究，2007（11）：13-19.

[257] 世界银行编写组．金融自由化［M］．中国财政经济出版社，2003.

[258] 宋军，陆旸．非货币金融资产和经营收益率的U形关系——来

自我国上市非金融公司的金融化证据［J］. 金融研究, 2015 (6): 111-127.

[259] 孙亮. 银行业改革、市场化与信贷资源的配置［J］. 金融研究, 2011 (1): 94-109.

[260] 孙晓华. 国有企业的过度投资及其效率损失［J］. 中国工业经济, 2016 (10): 109-125.

[261] 孙晓华, 杨彬, 张国峰. "市场换技术"与产业空心化: 一个研究述评［J］. 科学学与科学技术管理, 2009 (1): 125-130.

[262] 孙颖, 谢召恒. 现金股利、融资约束与企业非效率投资相关性文献综述［J］. 财会学习, 2017 (17): 217-218.

[263] 孙云峰. 利率市场化几个问题的再认识［J］. 金融理论与实践, 2003 (6): 13-15.

[264] 孙铮. 债务、公司治理与会计稳健性［J］. 中国会计与财务研究, 2005 (2): 112-173.

[265] 孙铮. 所有权性质、会计信息与债务契约——来自我国上市公司的经验证据［J］. 管理世界, 2006 (10): 100-107.

[266] 泰翰·菲兹罗, 楠斯·颇特, 艾得·泰科斯, 等. 中国的利率市场化: 比较与借鉴［J］. 新金融, 2010 (10): 4-9.

[267] 覃家琦. 中国交叉上市公司的投资效率与市场价值——绑定假说还是政府干预假说?［J］. 经济学: 季刊, 2016 (2): 1137-1176.

[268] 唐国正, 刘力. 利率管制对我国上市公司资本结构的影响［J］. 管理世界, 2005 (1): 56-64.

[269] 唐清泉, 肖海莲. 融资约束与企业创新投资—现金流敏感性——基于企业 R&D 异质性视角［J］. 南方经济, 2012 (11): 42-56.

[270] 唐雪松, 周晓苏, 马如静. 政府干预、GDP 增长与地方国企过度投资［J］. 金融研究, 2010 (8): 33-48.

[271] 田侃. "次优"债务契约的治理绩效研究 [J]. 经济研究, 2010 (8): 90-102.

[272] 陆正飞, 童盼. 负债融资、负债来源与企业投资行为——来自中国上市公司的经验证据 [J]. 经济研究, 2005 (5): 75-84.

[273] 万良勇. 法治环境与企业投资效率——基于中国上市公司的实证研究 [J]. 金融研究, 2013 (12): 154-166.

[274] 万荃. 利率市场化改革: 比较与借鉴 [J]. 当代经济研究, 2012 (5): 71-74.

[275] 王东静, 张祥建. 利率市场化、企业融资与金融机构信贷行为研究 [J]. 世界经济, 2007 (2): 50-59.

[276] 王芳. 经济金融化与经济结构调整 [J]. 金融研究, 2004 (8): 124-132.

[277] 王国刚. 关于虚拟经济的几个问题 [J]. 东南学术, 2004 (1): 53-59.

[278] 王国松. 中国的利率管制与利率市场化 [J]. 经济研究, 2001 (6): 13-20.

[279] 王红建, 李茫茫, 汤泰劼. 实体企业跨行业套利的驱动因素及其对创新的影响 [J]. 中国工业经济, 2016 (11): 73-89.

[280] 王红建, 曹瑜强, 杨庆, 等. 实体企业金融化促进还是抑制了企业创新——基于中国制造业上市公司的经验研究 [J]. 南开管理评论, 2017, 20 (1): 155-166.

[281] 王红建, 杨筝, 阮刚铭, 等. 放松利率管制、过度负债与债务期限结构 [J]. 金融研究, 2018, 452 (2): 104-121.

[282] 王欢, 郭建强. 利率市场化、非利息收入与银行净利差 [J]. 金融论坛, 2014 (8): 6-15, 52.

[283] 王仕豪. 利率市场化的产权经济学分析 [J]. 中州学刊, 2006 (2): 52-54.

[284] 王曦. 经济转型中的投资行为与投资总量 [J]. 经济学: 季刊,

2005, 5 (1): 129-146.

[285] 王永钦. 财政分权下的地方政府债券设计: 不同发行方式与最优信息准确度 [J]. 经济研究, 2015 (11): 65-78.

[286] 王正位, 赵冬青, 朱武祥. 资本市场摩擦与资本结构调整——来自中国上市公司的证据 [J]. 金融研究, 2007 (6): 109-119.

[287] 文春晖, 任国良. 虚拟经济与实体经济分离发展研究——来自中国上市公司 2006—2013 年的证据 [J]. 中国工业经济, 2015 (12): 115-129.

[288] 武宏波. 信息不对称、制度边界与山西中小企业投融资体系研究 [D]. 山西财经大学, 2013.

[289] 夏立军, 方轶强. 政府控制、治理环境与公司价值——来自中国证券市场的经验证据 [J]. 经济研究, 2005 (5): 40-51.

[290] 夏立军. 市场化进程、国企改革策略与公司治理结构的内生决定 [J]. 经济研究, 2007 (7): 82-95.

[291] 爱德华·肖. 经济发展中的金融深化 [M]. 邵伏军, 译. 三联书店上海分店, 1988.

[292] 肖欣荣, 伍永刚. 美国利率市场化改革对银行业的影响 [J]. 国际金融研究, 2011 (1): 69-75.

[293] 谢家智, 王文涛, 江源. 制造业金融化、政府控制与技术创新 [J]. 经济学动态, 2014 (11): 78-88.

[294] 辛清泉, 林斌, 王彦超. 政府控制、经理薪酬与资本投资 [J]. 经济研究, 2007 (8): 110-122.

[295] 辛清泉, 郑国坚, 杨德明. 企业集团、政府控制与投资效率 [J]. 金融研究, 2007 (10): 123-142.

[296] 徐义国. 金融自由化的路径及其效应: 经验推演与中国实践 [D]. 中国社会科学院研究生院, 2008.

[297] 徐忠. 利率政策、农村金融机构行为与农村信贷短缺 [J]. 金融研究, 2004 (12): 34-44.

[298] 许崇正. 中国利率市场化的实施思路 [J]. 经济研究参考, 2001 (23): 19-19.

[299] 许罡, 朱卫东. 金融化方式、市场竞争与研发投资挤占——来自非金融上市公司的经验证据 [J]. 科学学研究, 2017, 35 (5): 709-728.

[300] 杨华军. 制度环境与自由现金流的过度投资 [J]. 管理世界, 2007 (9): 99-106.

[301] 杨筝, 刘放, 王红建. 企业交易性金融资产配置: 资金储备还是投机行为? [J]. 管理评论. 2017 (2): 13-25, 34.

[302] 叶康涛, 祝继高. 银根紧缩与信贷资源配置 [J]. 管理世界, 2009 (1): 22-28, 188.

[303] 易纲. 中国改革开放三十年的利率市场化进程 [J]. 金融研究, 2009 (1): 1-14.

[304] 应千凡, 易振华, 焦琦斌, 等. 利率市场化、商业银行信贷与企业融资行为 [J]. 南方金融, 2012 (7): 8-12.

[305] 余明桂, 李文贵, 潘红波. 管理者过度自信与企业风险承担 [J]. 金融研究, 2013 (1): 149-163.

[306] 于蔚, 金祥荣, 钱彦敏. 宏观冲击、融资约束与公司资本结构动态调整 [J]. 世界经济, 2012 (3): 24-47.

[307] 于蔚, 汪淼军, 金祥荣. 政治关联和融资约束: 信息效应与资源效应 [J]. 经济研究, 2012 (9): 125-139.

[308] 于越. 利率市场化与中小企业融资问题分析 [J]. 山东社会科学, 2009 (11): 122-124.

[309] 于泽, 陆怡舟, 王闻达. 货币政策执行模式、金融错配与我国企业投资约束 [J]. 管理世界, 2015 (9): 52-64.

[310] 喻坤, 李治国, 张晓蓉, 等. 企业投资效率之谜: 融资约束假说与货币政策冲击 [J]. 经济研究, 2014 (5): 106-120.

[311] 战明华, 王晓君, 应诚炜. 利率控制、银行信贷配给行为变异

与上市公司的融资约束 [J]. 经济学（季刊），2013，12（3）：1255-1276.

[312] 战明华，应诚炜. 利率市场化改革、企业产权异质与货币政策广义信贷渠道的效应 [J]. 经济研究，2015（9）：114-126.

[313] 张成思，张步昙. 中国实业投资率下降之谜：经济金融化视角 [J]. 经济研究，2016，51（12）：32-46.

[314] 张军，金煜. 政府间财政改革、金融深化与中国的地区差距：脱落的环节 [J]. 中国社会科学，2006（1）：143-159.

[315] 张敏. 国有股权、公司业绩与投资行为 [J]. 金融研究，2010（12）：115-130.

[316] 张敏，吴联生，王亚平. 国有股权、公司业绩与投资行为 [J]. 金融研究，2010（12）：115-130.

[317] 张慕濒，诸葛恒中. 全球化背景下中国经济的金融化：涵义与实证检验 [J]. 世界经济与政治论坛，2013（1）：122-138.

[318] 张孝岩，梁琪. 中国利率市场化的效果研究——基于我国农村经济数据的实证分析 [J]. 数量经济技术经济研究，2010（6）：35-46.

[319] 张宗益. 商业银行价格竞争与风险行为关系——基于贷款利率市场化的经验研究 [J]. 金融研究，2012（7）：1-14.

[320] 章浩. 企业投资的融资约束理论研究 [J]. 现代经济信息，2017（19）：296.

[321] 赵波，胡智. 利率市场化的经济效应与风险 [J]. 经济师，2004（3）：73-74.

[322] 赵静，陈晓. 政府干预、货币政策与企业资本投资 [J]. 中国会计评论，2016（3）：295-316.

[323] 赵静，郝颖. GDP竞争动机下的企业资本投向与配置结构研究 [J]. 科研管理，2013（5）：102-110.

[324] 赵静，郝颖. 政府干预、产权特征与企业投资效率 [J]. 科研管

理，2014，35（5）：86-94.

[325] 赵兴楣，王华．政府控制、制度背景与资本结构动态调整［J］．会计研究，2011（3）：34-40.

[326] 赵英军．利率自由化：并非自由的选择［M］．中国经济出版社，1999.

[327] 周黎安．晋升博弈中政府官员的激励与合作——兼论我国地方保护主义和重复建设问题长期存在的原因［J］．经济研究，2004（6）：33-40.

[328] 周英章，蒋振声．货币渠道、信用渠道与货币政策有效性——中国1993—2001年的实证分析和政策含义［J］．金融研究，2002（9）：34-43.

[329] 周长富，张莅，冒建忠．"脱实向虚"的表现、成因及机制分析［J］．区域金融研究，2016（3）：69-76.

[330] 朱红军．金融发展、预算软约束与企业投资［J］．会计研究，2006（10）：64-71.

[331] 左峥．存款利率市场化是否会提高银行风险——基于存贷利差收窄的一个视角［J］．财经科学，2014（2）：20-29.

后 记

本书是由我的博士毕业论文《利率市场化对我国实体企业投资结构选择影响研究》改写扩充而来，初始起源于 2017—2019 年间我在《金融研究》杂志上连续刊发的以"利率市场化（放松利率管制）"为主题的三篇相关的学术论文。

本书的出版得益于多方的襄助与奉献。首先要感谢我就读武汉大学经济与管理学院博士研究生期间的指导老师海峰教授对我学业上的关爱和栽培，也要感谢我目前供职的武汉纺织大学管理学院王济平院长、吴金红副院长、张文芬博士、何秀红博士及其他各位领导、同事的鼓励和支持。同时也要感谢帮助审阅修改本书的南昌大学经济管理学院会计系王红建教授、武汉理工大学安全科学与应急管理学院数据科学与信息安全系刘燕武副教授、郑州大学商学院会计系程晨副教授、湖北经济学院金融学院金融系戴静副教授。特别要感谢王红建教授在《金融研究》论文选题、博士毕业论文撰写和本书改写充实期间给予的点拨引导与学术支持。感谢武汉大学出版社尤其是聂勇军老师的辛苦编辑和李孟潇老师的认真校对工作，感谢我的父母、丈夫、女儿对我在求学、工作和家庭生活等诸多方面的默默支持与辛苦付出。

杨 筝

2020 年 1 月